"풍수도 모르면서

잘 살고 싶어하는 안타까운 당신에게"

MZ세대 풍수전문가 머찌동

부의 풍수: 100억을 가져다주는 인생

부의 풍수: 100억을 가져다 주는 인생

발행일 2022년 6월 10일(초판)
2022년 8월 31일(2쇄)
2023년 1월 2일(3쇄)
2024년 3월 28일(4쇄)

발행처 인성재단(지식오름)

발행인 조순자

편저자 풍수큐레이터 머찌동(천동희)

표지디자인 이시영

편집디자인 이우미

정 가 22,000원 **ISBN** 979-11-91292-63-3

부의 풍수

풍수큐레이터 머찌동 지음

프롤로그

첨단을 달리는 시대. 메타버스를 공부하고 새로운 기술들을 알아가야 할 4차산업 혁명 시대에 풍수지리라니. 우연하게 이 책이 눈에 띄어 집어들었을 때 드는 생각일 수 있다. 그 마음 충분히 이해한다.

책을 덮어버리기 전에, 잠깐이나마 이야기를 듣고 생각해보았으면 한다. 프롤로그를 읽는 약 2분으로 당신의 인생이 달라질 수 있으니.

2020년 코로나가 세상에 큰 위엄을 떨치기 시작할 무렵, 나는 처음으로 아파트를 구매할 계획을 갖게 됐다. 부동산이라든지 입지에 대한 관심이 크지 않았기 때문에 어떻게 구해야 할지 몰랐다. 결론부터 말하자면, 그때 아무것도 모르고 샀던

지방 소도시의 아파트 가격은 두 배 가까이 상승했다. 물론 전국적으로 부동산 상승이 시작되어 어디 하나 오르지 않은 아파트가 없다지만, 내가 사게 된 아파트는 그 지역에서 가장 큰 폭으로 상승하게 됐다.

우연일 수도 있겠지만, 부동산에 대해서 아무것도 모르는 내가 딱 한 가지 고려했던 것이 바로 풍수지리다. 투자적인 입지와 지역에 대한 분석 없이 풍수지리만을 고려했을 뿐이었는데도, 가장 쾌적하고 투자에도 성공한 아파트를 고를 수 있게 된 것이다. 나의 '아빠'는 풍수지리를 평생의 업으로 삼아온 분이다. 대통령 풍수자문과 더불어 60년의 경력을 가지셨으니, 가족의 차원을 넘어 최고의 전문가를 모시고 집을 구하게 된 것과 같았다. '아빠'의 식견 덕분에 나는 빠르게 부자가 될 수 있는 시작점에 들어서게 된 것이다. 그렇게 아파트를 얻게 된 인연으로, 나는 본격적으로 풍수지리에 관심을 갖게 됐고 지금은 풍수지리 유튜버로서, 그리고 강사로서 아파트 풍수지리와 풍수 인테리어를 강의하는 지금에까지 이르게 됐다. 그와 더불어 사람들에게 조금 더 현실적으로 풍수지리에 접근하도록 하고 싶은 욕심이 생겼다. 체계적이고 정합적인 방법으로 풍수의 효용에 대해서 연구하고자 지금은 건국대학교 일반대학원에 진학하여 부동산학으로 석사 과정을 밟고 있다.

여기까지 읽었음에도 불구하고 풍수지리 자체에 대한 호기심보다는, 책 팔아서 돈 벌어보고자 하는구나라는 생각이 든다면 책을 덮어버려도 좋다. 굳이 설득하고 싶은 마음은 없다. 하지만 여기까지 읽고도 책을 덮지 않은 사람들은, 끝까지 읽어보라고 권하고 싶다. 최근 루이비통이라는 명품브랜드가 풍수지리 디자이너와 협업하여 오브제를 출시했다는 사실, 우리가 아는 최첨단을 달리는 전자기업의 시작이 풍수지리였다는 사실에 대해서 아마 지금의 MZ세대들은 들어본 적이 없을 것이다.

이 책은 분명 당신이 생각하지 못했던 가치를 전해줄 것이다. 그것은 현실적이고 금전적인 이득을 얻을 수 있는 인사이트를 함께 가져다줄 것이다. 그게 아니라 하더라도 최소한 당신이 생각하지 못했던 세상, 그리고 이러한 것이 있구나 라는 새로운 경험을 얻게 해 줄 것이고, 그것이 당신의 삶을 지금보다는 풍부하게 만들어줄 것이다.

풍수지리에 아무런 관심도 없었던, 로스쿨 준비생이자 교직원이었던 내가 풍수지리를 공부하면서 깨닫게 된 인생 재테크 공식과 실질적으로 풍수지리를 통해 부동산과 아파트를 고를 수 있는 법, 그리고 우리가 몰랐던 전통적인 것의 가치 속에 담긴 모두가 잘 살아가는 법에 대해서 함께 이야기해보려 한다.

이 책에서 언급하는 고객 출장 사례와 내용들은 모두 직접 공부하고 눈으로 보고 몸으로 겪은 내용들이다. 실사례들에 있어서 가족 상황과 지역 등은 개인정보를 위해 일부 수정하였다는 것을 밝힌다. 또한 이 책을 통해서 언급되는 나의 '아빠'는, 우리가 꼭 알아야 할 세상의 지혜를 전해주시는 모두의 스승님이라 생각하기에, '마스터'님이라 호칭을 통일하겠다.

이 책이 세상에 나오기까지 좋은 인연을 맺고 힘써주신 출판사 대표님, 편집자분들 그리고 관계자분들에게 지면을 빌어 감사한 마음을 전한다. 무엇보다도 이 세상에 올바른 가치가 전해질 수 있도록 전통을 잘 이어주신 천성조 마스터님에게 존경을 표하며, 나의 가족들과 더불어 까칠한 성격을 잘 맞춰주며 이 책이 잘 쓰일 수 있도록 물심양면으로 지원해준 나의 아내에게 사랑한다는 말을 전한다.

2022년 5월 국내 최고 명당 아파트에서

머찌동 천동희

목차

둘 MZ세대부터 알아야 할 인생 재테크 공식 - 풍수지리 기본 상식

셋 명당 아파트와 투자용 아파트 - 두 마리의 토끼를 잡는 법

다섯 당신은 명당이 어울리는 사람입니다

하나

MZ세대가 부동산보다 풍수를 먼저 공부해야 하는 이유

水

●●●

우선 서로 친해지는 것이 좋을 것 같다. 바로 풍수지리에 대해서 이야기하기 보다는, 풍수지리가 왜 필요한지, 내가 왜 풍수지리를 공부하고 그 중요성을 일깨워주기 위해서 애쓰는지를 이번 장을 통해서 설명해보려 한다. 처음 듣는 것들이 많겠지만, 우리가 생각하지 못했을 뿐 그럴 수가 있겠구나라고만 느낀다면, 풍수지리를 공부할 마음의 자세는 갖추게 된 것이다.

부동산 공부하기 이전에 풍수 공부부터
- 100억을 가져다 주는 공식

스무 번이 넘는 부동산 대책. 그리고 천정부지로 오르는 집값으로 수 많은 사람들이 집으로 인한 상실감을 느끼고 있다. 몇 달 만에 몇억이 왔다 갔다 하니, 일반적인 생각으로는 감당할 수 없는 돈들이 너무나 쉽게 오고 가는 것이다. 나는 다행히 코로나가 시작될 무렵인 2020년 6월에 첫 집을 갖게 됐다. 그리고 집을 사고 나니 자연스레 부동산에 더욱 관심을 갖게 됐다. 불안정한 세상의 흐름 때문에 많은 사람이 부동산뿐만 아니라 재테크에 관심을 갖게 됐다. 지금 더없이 많은 유튜버가 활동을 하고 있고, 수많은 전문가, 실전 투자자들이 유용한 정보를 알려주고 있다.

2021년 초, 한 대형 유튜브 채널에서는 신청자들의 사연을 듣고 집을 구해주는 코너가 있었다. 사연자의 재산 및 경제 상황 이외의 현실적인 여건들을 고려하여 원하는 지역의 아파트 단지를 추천해주는 채널이었다. 결혼을 앞둔 한 예비 신부의 사연이었다. 두 사람의 소득 합산에 맞는 수원 지역 아파트를 추천받고 싶어 했다. 투자전문가는 특정 지역을 언급하며, 아파트를 추천해주었다. 그 무렵 나는 마스터님과 함께 풍수 유튜브 채널을 운영한 지 6개월 정도 되었고, 한참 전국을 다니며 출장을 다니던 때였다.

투자전문가가 언급해주는 그 아파트의 집값은 이 책을 쓰는 기준으로 봤을 때 분명 올랐다. 하지만, 그렇게 정해준 지역 안에서 분명 풍수적으로 좋은 아파트가 있고 나쁜 아파트가 있었을 것이다. 매매가가 올라 투자가치로서 의미 있는 아파트를 선정하는 것은 매우 중요한 일이다. 하지만 한 가족의 삶을 통틀어서 봤을 때, 하고자 하는 일이 잘 되고 건강에 큰 문제가 일어나지 않고 평안하게 사는 것이 진정으로 금전적인 이득을 얻는 길이다. 경제적인 이득과 더불어 평안한 삶을 영위할 수 있는 길이, 풍수지리 속에 숨어있는 것이다.

그 사연을 신청한 예비 신부는 30대 중반이었다. 그 예비 신부의 사연을 토대로 상황을 한 번 가정해보자. 그 전문가의 조언을 듣게 된 예비 신부는 2021년 수원에 있는 3억 5천만 원의 아파트를 구매하게 된다.

그리고 그 후로부터 3년의 시간이 흐른다. 두 사람은 결혼식을 올렸고 함께 신혼생활을 시작했다. 그 사이에 집값은 정확히 두 배, 7억이 되어 단순 시세차익으로만 봤을 때 3억 5천만을 벌게 된 것이다. 투자라는 측면에서 봤을 때, 그 신혼부부의 선택은 너무나 옳은 판단이었다.

하지만 상승한 집값 뒤에는 신혼부부의 비참한 삶이 남겨져 있었다. 그 집에 들어가서 함께 사는 3년 동안 두 부부에게는 참으로 많은 일이 일어났다. 우선 강남에서 번듯한 직장을 다니던 남편은 그 집에 들어간 이후부터 갑자기 구설수에 휘말리게 됐

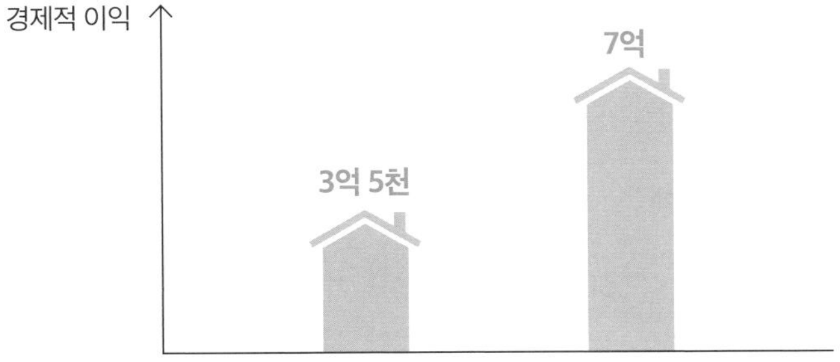

집값 상승으로 얻게된 신혼부부의 경제적 이익

다. 그 때문에 직장에서 거의 쫓겨나오다시피 나오게 됐고 관련 분야에서는 재취업이 힘든 상황이 되었다. 겨우 다른 업종의 계약직으로 입사하게 됐지만, 정직원이 될지는 불투명해 보였다. 땅에 머리만 붙이면 잠을 잘 잤던 사람이, 신혼집에서는 쉽게 잠을 청하지 못했다. 잠을 청하지 못한 피로와 정신적인 스트레스, 그리고 누적된 피로감으로 30대 중반의 나이임에도 당뇨라는 건강검진 결과가 나오게 됐다.

결혼 초 남편의 안정된 직장을 믿고 기존에 다니던 회사에서 나와 창업을 준비하던 아내는, 왠지 모르게 그 집에 살면서부터 우울감을 자주 느끼게 됐다. 평소 활발한 성격을 가졌었음에도 불구하고, 남편 때문인지 사업 때문인지 우울한 생각이 자꾸만 자신을 압도하곤 했다.

결국 정신과 치료를 받게 됐고 정기적으로 병원비를 지출하게 됐다. 결혼 초에, 다행히 양가 부모님들의 도움으로 대출의 압박 없이 집을 구매했었다. 두 사람은 아이를 갖고 싶었다. 둘 다 건강에는 큰 문제가 없었기 때문에 아이가 쉽게 찾아올 것이라 생각했다. 하지만, 3년이 지나도록 아이는 찾아오지 않았고, 일련의 상황으로 두 사람은 서로에게서 조금씩 멀어지게 됐다.

위 사례들이 극단적으로 느껴질 것이다. 하지만, 하나로 모았을 뿐 위에서 언급한 사건들은 하나하나 현장을 통해서 직접 접했던 실제 출장 사례들이다.

예전 불륜 사례를 주로 다루는 '사랑과 전쟁'이라는 가상 드라마가 큰 인기를 끌었다. 그 당시에는 그렇게 자극적인 프로그램이 많지 않았다. 그 드라마의 작가가 인터뷰에서 말하길, 실제 판례를 통해서 대본을 작성했는데, 실제 사례들은 차마 방송에서는 다루지 못할 정도로 심한 경우가 많다고 하였다. 나 역시

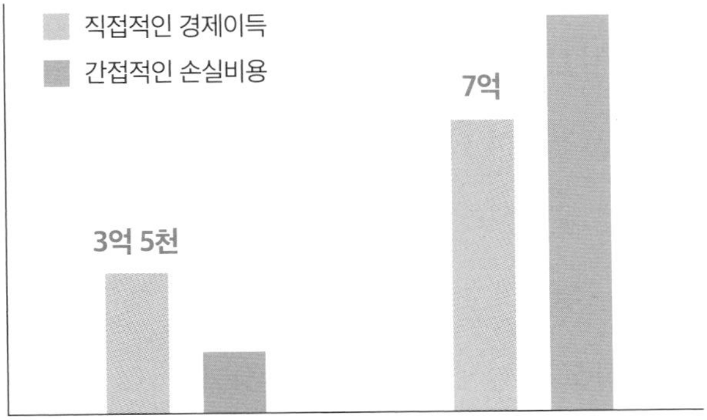

신혼부부가 얻게될 실질적인 가치 이익 비교 대부분의 사람들이 손해나는 인생을 살고 있다.

도 같은 마음이다. 실제로 풍수지리를 모르고 땅의 가치를 몰랐기 때문에 아픔을 겪고 있는 사람들이 너무나 많다.

남편의 구설수와 실직은 풍수적으로 봤을 때, 집 구조에서 비롯되었을 확률이 높다. 아내의 우울감은 아파트의 층과 입지가 잘못되었을 때 일어날 확률이 높고, 둘 사이에 아기와 관련된 것도 입지와 구조에서부터 원인을 찾아볼 수 있다.

만일 그 신혼부부가 투자 가치로서의 입지뿐만 아니라 풍수적인 입지 요소도 함께 고려하였다면, 그래서 지금의 집보다는 조금 더 풍수적인 입지가 좋은 집을 골랐다면 지금처럼 집값이 오르지 않는 곳이라 하더라도, 남편의 안정된 직장생활, 두 사람의 화목한 부부생활, 아내의 심리적 안정으로 인한 사업 성공이 더 큰 부와 가치를 가져다주었을 것이다.

해당 유튜브 영상을 보면서, 사람들에게 풍수지리적인 측면을 반드시 고려해야 한다는 것을 너무나 이야기해주고 싶었다. 집값이 전부가 아니라고. 중요한 것은 인생의 시행착오를 줄여나가야 하는 것이라고 말이다. 그 마음 하나의 동력으로 사람들에게 강의하고 이렇게 책을 쓰는 상황까지 오게 됐다. 좋은 집에 산다는 것은, 100억 그 이상의 가치를 가져다준다. 풍수지리를 몰랐고 이 책을 접하지 않은 사람과, 이 책을 통해서 풍수지리의 가치를 알고 삶에 접목했을 때 벌어지는 인생의 자산 격차는 2022년을 기준으로 하여 잠실에 있는 60평대 아파트 한 채의 차이와도 같은 것이다.

메타버스 시대의 풍수지리

부동산 전문회사인 '직방'은 오프라인 사무실이 없다. 직원들은 집 안에서 자신들의 아바타를 통해 회사에서 만든 가상건물 '메타폴리스'로 출근한다. 코로나19가 전 세계로 유행하게 됐고, 그 어느 나라보다 통신망이 잘 되어있는 우리나라에는 이제 '출근하지 않고도 출근하는 회사'가 생겨나게 됐다.

이렇게 메타버스가 우리의 현실이 되어가는 21세기에, 풍수지리를 이야기한다는 것이 어떤 면에서는 참으로 시대착오적인 생각이 아닐까 라는 의문이 들 수 있다. 현대인들의 현실적인 공간에 대한 고민도 줄어드는 마당에 미신에 가깝다고 여겨지는 풍수지리는 당연히 그 의미를 잃어가게 될 것이라 생각할 것이다. 하지만, 아무리 기술이 개발되고 우리 모두가 메타버스 속에서 살게 된다 하더라도 그 가상현실을 구현하고 아바타를 운영하는 사람은, 어딘가에 집을 구하고 어딘가에서 잠을 자야만 한다. 아무리 기술이 개발되더라도 우리의 존재 자체는 가상현실이 될 수 없고, 결국 땅 위에서 살아가는 존재의 개념을 벗어날 수 없는 것이다.

가상현실이 구현된 회사를 통해 언제나 재택근무를 한다 하더라도 현실 세계에서 어떠한 공간 속에서 일해야 한다는 사실에는 변함이 없다. 바닥은 편안해야 할 것이고 이왕이면 빛도 잘 들면 좋을 것이다.

잠을 잘 때에도 머리 방향이 제대로 되어 있어야 하고 집의 위치도 좋아야 한다. 집 안에 수맥이 가득하면 집 안에서 능률적으로 일을 할 수 없다. 수맥은 인체에 백병을 일으킬 수 있다. 기술이 개발되어 모든 것이 기계화된다 하더라도, 기계들과 전기시설의 입지는 올바른 곳에 위치시켜야 한다. 특히 땅에서 올라오는 수맥은 기계에도 영향을 미치기 때문에, 매출과 직접적으로 연관된다.

예전 한 공장의 사장님은, 유독 설비시설에서 불량률이 높아 고민이 많았다. 그래서 풍수 자문을 통해 이를 해결할 수 있었다. 그 설비시설이 위치한 곳은 수맥이 강력한 곳이었고, 수

아무리 재택근무를 하더라도 인간이 앉아있을 공간은 필요하다. 그 자리가 불편하다면 아무것도 되는 일이 없다.

맥 파장은 금속에 지속적으로 영향을 주기 때문에 불량률이 자꾸만 높아졌던 것이다. 설비시설은 수맥이 없는 위치로 옮겼고, 공장의 입구도 올바른 방향으로 위치시켰다. 그 후 한평생 돈 걱정 없이 살 수 있을 만큼 수입을 얻었다는 소식을 전해주셨다.

기술이 발전된다 하더라도 변하지 않는 삶의 원칙과 자연의 법칙이 있다. 그것에 대한 법칙을 깨닫고 살아가는 사람들은 다른 사람들과는 다른 삶을 살아갈 수 있는 것이다. 지금은 메타버스 시대에 온전히 뛰어들어야 잘 사는 사람들의 법칙을 제대로 알고 잘 사는 것이라 생각하는 사람들이 많다. 이 책을 통해서 전하게 될 법칙은 시대가 지나도 변하지 않는 법칙들이다. 몇 천 년 전에 살았던 이름도 외우기 어려운 서양 철학자들의 생각을 지금도 읽고 있는 이유가 그 때문일 것이다.

근래 들어 공무원 시험에 집착하던 MZ세대의 흐름이 변하기 시작했다. 예전보다 더 많은 젊은이가 창업으로 눈을 돌리고 있다. 혹은 소자본으로 부업을 하기도 한다. 적은 현금의 양이라 하더라도 일정한 파이프라인을 만들고, 그것이 쌓이게 되면 월급만큼, 혹은 그 이상의 수입을 얻을 수 있다는 것을 자각하고 있다. 쉽게 말해 조금이라도 돈이 될 수 있다면 무엇이든 하려고 하는 것이 요즘 시대의 모습이라 할 수 있다.

하물며 적은 돈도 그럴 것인데, 내 인생의 메인스트림을 바꾸어놓을 수 있는 '집'에 대한 것이라면 더욱더 관심을 가져야 하지 않겠는가. '직방'이 매력적인 이유는 기존의 직장에서 소모해야 하던 출퇴근 시간이 사라지고, 불필요한 상하관계에 있어서 감정적인 소모를 하지 않아도 되기 때문이다. 우리가 풍수지리를 공부해야 하는 것도 같은 이유다.

인생의 그래프에서 소모해야 하는 시행착오의 시간을 줄여 나갈 수 있고, 불필요한 감정적인 소모를 하지 않아도 되기 때문이다. 풍수지리를 통해서 얻게 되는 직접적, 간접적 비용의 이득은 장담컨대 여러분이 공부하는 그 어떤 재테크 수업의 효용보다 클 것이다.

안녕하세요, ○○그룹 회장입니다

2021년 가을이 끝나갈 무렵, 전화 한 통이 걸려 왔다.

"안녕하세요, 용산에 있는 대표님 집터를 좀 볼 수 있을까요?"

라고 하면서 집터 감정 문의가 들어왔다. 사업을 하고 계시는 사장님들은 보통 직원을 시켜서 이렇게 전화를 주신다. 그렇지만 아무리 한 기업체를 운영하는 대표라 하더라도 풍수 컨설팅은 개인의 운명이 달린 일이기에 가급적이면 대표님과 직접 통화를 통해서 상담한다. 이번에도 마찬가지로 대표님과 직접 통화를 했으면 한다는 내용과 더불어 견적을 안내해드렸다. 사정이 있어 그 일은 거절했지만, 그 대표님은 한국 사람 누구나가 아는 유명한 재벌가의 회장님이었다. 그리고 감정을 하려

했던 집은 국내에서 매매가가 다섯 손가락 안에 드는 집이었다. 유튜브를 통해서 지켜보다 분명 신뢰가 생겨서 연락한 것이리라. 이를 통해서 국내에서 가장 비싼 집에 사는 사람도 풍수적인 입지를 중요하게 생각한다는 것을 다시 한번 느낄 수 있었다. 아니, 중요하게 생각하지는 않는다 하더라도 관심이 있다는 것만큼은 확실히 확인할 수 있는 것이다. 재벌가에서 풍수를 중요하게 생각한다는 이야기는 공공연한 사실이다. 재벌가뿐만 아니라 정치인들, 집안 전체를 잘 되게 하고 싶은 이들은 오랫동안 풍수지리를 중요하게 생각해왔고, 터와 관련된 문제는 언제나 자문받고 일을 진행해왔다. 인구 전체로 봤을 때, 대부분의 이들은 풍수지리 자체가 생소할 것이고 예전부터 내려오는 무속이나 미신 정도로 생각하는 것이 현실이다.

"21세기에 구닥다리 같은 이야기 하고 있네."

실제로 영상에 달려있던 댓글 중 하나였다. 이러한 댓글은 심심치 않게 마주한다. 이런 댓글들을 마주할 때마다 나는 국내 최고 기업 중 하나인 삼성을 떠올린다. 삼성이라는 기업에 대한 이미지가 사람마다 차이가 있겠지만, 우리나라를 세계에 알리고 첨단 기술로서 전 세계의 수많은 고객을 거느리고 있는 것은 부정할 수 없는 사실이다. 그 최첨단의 선봉에 있는 삼성이라는 기업이 지금처럼 입지를 다질 수 있었던 것이 풍수지리라고 하면 믿을 수 있겠는가? 삼성을 처음 설립한 고 이병철 회장은 풍수에도 조예가 깊은 것으로 유명했다. 풍수뿐만 아니라 삼성이라는 기업은 예전부터 직원을 뽑을 때 관상을 본다는 소문까지 떠돌곤 했다. 그리고 단순히 조상 산소에 관련된 것뿐만 아니라, 고 이병철 회장은 실질적으로 사옥을 짓고 공장을 짓는 일에 항

신라호텔 내 이병철 회장 동상 터에 대한 가치를 알고 사업과 연관지었을 때 얻게 되는 경제적인 이득은 무궁무진하다.

상 전속으로 일을 맡기던 풍수지사가 있었다고 한다. 그것이 사실이라면 그 풍수지사가 정해준 입지 덕분에 지금의 최첨단 기술들이 만들어지고 전 세계에 이름을 알릴 수 있게 된 것이다. 대부분 사람의 손에는 삼성이 만든 핸드폰을 손에 쥐고 있다. 구닥다리라고 말한 그 사람의 손에도 그 핸드폰이 있을 확률이 거의 50% 이상일 것이다.

공식적인 자리에서 정재계 인사들은 모두 아닌 척한다. 풍수지리는 미신이라는 말을 하며, 요즘 누가 그런 걸 믿냐며 거짓말을 한다. 하지만, 뒤로는 다르게 행동한다. 중요한 일이 있을 때나 터와 관련된 일이 있을 때는 자신들의 삶을 전담하는 누군가에게 의지하고 조언을 구할 정도다. 그것이 잘못됐다는 게 아니라, 현실이 그렇다는 것이다. 그리고 대부분 일반인은 그들이 대외적으로 말하는 것들이 진실이라 생각하고 속아 넘어가는 것이다.

MZ세대를 비롯한 많은 사람이 경제적인 자유를 원한다. 파이어족을 꿈꾸고, 누군가의 밑에서 종속되지 않는 삶을 살고자 하며, 소위 말하는 부자가 되고 싶어 한다. 돈과 관련된 책에서 본 구절이 생각난다. 부자가 되고 싶다면 부자들처럼 생각하고 그들의 생활방식을 따라 하라는 내용이었다. 우리나라의 진짜 부자들은 풍수지리를 절대 가벼이 생각하지 않는다. 하지만 그들은 절대 말하지 않는다. 풍수지리가 중요하다는 것을 말이다. 풍수지리의 효용에 대한 여러 부분을 생각할 필요는 없다. 풍수지리를 통해서 금전적인 이득을 얻고 부자가 될 방법을 알아갈 수 있다는 것만은 확실하다. 그러니 이 글을 읽는 독자도, 잘 살고 싶은 마음, 진정으로 큰 부자가 되고 싶은 마음이 있다면 왜 남부러울 것 없는 사람들이 풍수지리를 곁에 두고 중요하게 생각하는지를 한 번쯤은 고민해보았으면 한다.

우리는 매일 가난해지고 있다

자산시장에 대한 관심이 증대되면서, MZ세대들에게는 단순히 회사에서 일하는 근로소득만으로는 제대로 된 삶을 영위하기가 힘들 것이라는 생각이 들기 시작했다. 기성세대들처럼 저축만으로 10퍼센트의 수익을 얻는 시대가 아님을, 인구 절벽으로 인해 나이가 들어서도 돈을 계속 벌어야 한다는 위기감을 느끼기 시작한 것이다. 일주일 중 5일은 아침에 출근하여 말도 안 되는 직장 상사의 말을 듣고 시스템 안에 맞는 적당한 정도의 고민과 생각만을 이어가며 힘들게 버텨낸 고된 삶의 방향이 오히려 가난이라는 것이 안타까울 뿐이다. 그러다 보니 이제는 직장을 통한 근로소득 말고도 더 많은 수입들을 원하고 있다. 실제로 여러 가지 부업 활동을 할 수 있는 시대가 됐다. 이것은 단순히 소득과 돈에 대한 부분뿐만 아니라 우리가 살게 될 세상에 대

머찌동컴퍼니의 인스타와 블로그 이제는 모든 SNS 활동이 경제적인 활동과 연결된다.

한 관심도가 증대된 것으로 이해할 수 있다.

꽃 가게에서 꽃을 파는 이의 손에는 꽃향기가 묻어난다. 시장에서 생선을 파는 이의 손에는 생선 비린내가 난다. 생선을 파는 이를 비하하려는 것이 아니다. 우리의 피부에 닿는 것이 무엇인지, 그것을 얼마나 자주 접하는지에 따라서 우리는 그것과 닮아가게 된다. 부부는 서로 닮아간다는 말처럼 말이다. 좋은 터, 좋은 구조로 된 집에 사는 사람은 좋은 기운을 매일 매일 쌓아간다. 반대로 흉한 터, 흉한 구조로 된 집에 사는 사람은 나쁜 기운을 매일 매일 쌓아간다. 숨 쉬는 것만으로도 가난해지는 것이다. 기운이라고 하니 추상적인 것을 이야기한다고 생각할 수 있다. 추상적인 것은 맞다. 눈에 보이지 않기 때문에 존재에 대해서 실증적으로 밝힐 수는 없다. 하지만 기운에 대해서 거짓이라 생각하는 이들도, 생활하는 중에 기운의 개념을 은연중에 사용하고 있다. 대표적인 예가, '촉'이라는 단어다. 많은 이들이 '촉이 왔다'는 말을 자주 사용한다. '나와 친한 누군가가 나를 좋아하는 것 같은 촉이 온다'는 말을 해봤거나 최소한 한 번은 들어봤을 것이다. 이 '촉'이야 말로 틀리는 경우가 많다. 그 생각 하나만을 믿고 일을 저질렀다가 어그러진 인연이 얼마나 많았던가. 미신보다 더 미신에 가까운 '촉'의 실체다. 이뿐만 아니라 누군가가 멀리서 나를 바라보고 있으면, 나도 모르게 그곳으로 눈이

부산의 한 아파트 타워형 아파트는 알게 모르게 사는 사람들에게 불편한 존재가 될 수 있다.

가곤 한다. 이것은 보이지 않지만, 우리 모두가 공감하고 느낄 수 있는 기운에 대한 이야기이다.

그 기운의 전달은 우리가 밟고 있는 이 땅의 기운과 내 발 사이에서도 일어나고 있다. 내 몸속으로 빨아들이는 공기와 대기 속에 머물러 있는 기운은 끊임없이 교감한다. 있는 그대로의 자연과 매일 교감을 하고 기운을 오가는 삶을 살았다면, 우리는 지금보다 훨씬 건강한 삶을 살 수 있었을 것이다. 지금보다 더 적은 질병 속에서 살아갔을 것이다. 하지만, 우리가 살아가는 생활 습관, 생활 형태, 그리고 거주하고 일하는 모습들이 자연의 원리와는 점점 더 반대로 흘러가고 있다. 길게 줄지어진 복도식 아파트에서 벗어나 타워형 아파트로 어색한 이웃 주민과 덜 마주할 수 있게 됐고, 코로나19 때문에 밖에 나가지 않더라도 수많은 플라스틱 용기를 사용하여 웬만한 음식들은 편하게 집에서 먹을 수 있게 됐다. 거실에 있는 베란다를 확장하여 더 넓은 거실을 사용할 수 있게 됐고, 100층이 넘는 타워에서도 거주할 수 있는 세상을 살고 있다. 이렇게 우리가 편리함이라 누리는 것들이 실상으로는 우리의 삶을 더욱 가난하게 만들어가고 있다. 아이러니하게도 삶의 편리함을 찾는 아이디어가 나타날수록 풍수지리의 원리와는 반대, 즉 자연의 이치와는 반대로 흘러가고 있는 것이다. 예를 들어, 확장형 아파트가 되기 전에 아파트 베란다는 외부의 공기가 직접적으로 집으로 흘러들어오는 것을 막아주고 집 안에 있는 사람들이 외부의 기운을 덜 받게 해주는 울타리 역할을 해왔다. 지금은 그 울타리가 사라지니 쉽게 외부의 온도와 마주하게 되고, 쉽게 차가워지는 실내공기를 유지하기 위해 더 많은 에너지를 사용하게 된다. 조금 더 넓은 공간을 차지할 수 있을지는 모르나 이로 인해 우리가 좋은 기운을 받는 양이 점점 줄어들게 되고, 실질적으로 더욱 가난해지게 되는 것이다.

한국인의 한평생 거주 싸이클

우리는 태어나면서부터 인큐베이터 속에서 삶을 시작한다. 그리고 한 달여 정도 지나고부터는 아파트에서의 삶이 시작된다. 말을 하고 인지할 수 있는 정도로 성장한 후에는 닭장 같은 학교에서의 교육이 시작된다. 나이가 들면 닭장 같은 사무실에서 일하고 죽고 나면 닭장 같은 납골당에 들어가게 된다.

똑같은 창문, 똑같은 지역, 똑같은 생각… 사는 사람들이 모습은 다 제각각인데 어째서 사는 집은 다 같으려 하는가. 이렇게 획일화된 공간 속에서 한 평생을 살아가는 것이 우리의 안타까운 현실이다.

자율성의 측면에서는 닭보다는 나을지 모르나, 일정한 공간 안에서 갇혀 지내다가 한평생이 끝나는 것은 결국 똑같다. 평균과는 다른 모습에 쉽게 눈살을 찌푸리는 한국인들의 특성상, 다른 국가들보다 이런 현상은 더 심각할 것이다. 공간은 사람의 생각을 좌우한다. 세계 속에서 대한민국처럼 아름다우면서도 기운이 넘쳐나는 땅은 없다. 기운 적인 측면에서 대부분의 나라들은 대륙으로 펼쳐져 있지만, 대륙의 끝에서 산세가 오밀조밀하게 모여 기운이 응축되어 있는 곳은 우리나라뿐이다.

풍수지리에 대한 본격적인 이야기를 하기에 앞서, 우리가 밟고 있는 우리나라 땅이 얼마나 큰 의미를 가지는지에 대해서 알아볼 필요가 있다. 중국과 같은 큰 대륙으로 이루어진 땅덩어리와 비교할 때, 우리나라는 '선구조 에너지체'의 형태를 하고 있다. 반대로 중국은 '판구조 에너지체'의 형태를 하고 있다. 선구조 에너지체란, 말 그대로 땅의 기운이 산에서부터 선(line)을 그리면서 흐르다가 지면으로 내려와 응결되어 있다는 것이다. 판구조 에너지체란, 산을 따라 흘러 내려온 기운이 넓은 땅 전체로 퍼진다는 것이다. 기운은 응결되어 있을수록 강력하다. 다른 나라들보다 산세가 뚜렷하며 기운이 넘쳐나는 대한민국의 땅

아파트 주변을 둘러싼 산들이 보이가는가? 넓은 시야로 보면 우리 모두 산의 보호 아래 살아가고 있음을 알 수 있다.

은 전체적으로 명당이라 할 수 있다. 반면 다른 나라들의 경우에는 에너지가 응결되지 못하고 땅으로 퍼지기 때문에 땅의 기운이 우리나라만큼 강력하지 못하다. 우리나라 내에서 좋은 터의 정기를 받은 사람은, 단순히 잘 사는 것을 넘어 전 세계적으로 큰 힘을 발휘할 수 있는 인물이 될 수 있다. 우리나라의 명당 산세를 질투한 역사적 사례들도 많다. 이는 뒤에서 다시 이야기하도록 하겠다.

"제사도 안 지내고 산소 하나 안 써도 미국은 잘 살잖아요?"

라고 하는 댓글을 다는 분들도 있다. 잘 산다는 의미는 상대적이다. 그 기준점을 어디에 두느냐에 따라 다른데, 우리나라가 가지고 있는 이점을 잘 모르니 하는 이야기다. 여러 가지 부족한 점들도 많지만 우리나라는 뛰어난 요소들이 더욱 많고 살기 좋은 나라다. 이렇게 좋은 토양을 가지고 있는 나라에서, 편리성과 획일성 안에 갇혀 살아간다는 것이 너무나 불행한 일이 아니던가. 죽음 이후의 일은 생각하지 않는다 하더라도, 살아있을 때만큼은 참으로 안타깝다는 생각이 든다. 획일성 때문인지는 몰라도 우리가 살아가려 하는 삶의 방식마저도 너무나 똑같다. 모두 똑같은 초중고 교육과정을 거쳐서 대학에 들어가고, 졸업하기 전에는 공무원 시험을 준비하기 위해서 더 닭장 같은 독서실, 고시원으로 파고들어 간다. 안전을 위해 선택하는 길이 가장 불안전한 길로 들어가는 꼴이다. 불안전한 곳으로 들어가는 일이 가장 안전한 선택일 수 있다는 것을, 우리는 생각해보려 하지도 않는 것이다. 이제는 안전한 선택에 대해서 근본적인 물음을 갖기 시작했다. 공무원이 된다 하더라도 정년을 앞두고는 연금이 바닥날지 모른다는 위기감이 올라온다. 돈을 벌 수 있는 다양한 수단을 찾으려 하고, 직장에 다니면서도 부업을 하면서 새로운 삶을 꾸려나가려 한다. 10년 전 영화 <소셜네트워크>

를 보면서, 극 중 한 인물이 "하버드 출신들은 취업보다 창업이 더 쉽다."는 대사를 하는 것을 보고 충격을 받은 적이 있었다. 그 당시 나도 고시 공부에만 전념하고 있을 때라 창업이라는 것은 돈이 많은 사람이나 하는 것이라 생각했으니 말이다. 10년이 훨씬 지난 지금, 이제는 2030세대들의 생각이 달라지고 있다. 자신이 무엇을 하면서 돈을 벌어야 안전한지에 대한 근본적인 물음이 시작되었다.

이제 삶의 길뿐만 아니라 공간에 대한 근본적인 물음도 함께 가져야 할 때다. 풍수지리에 대한 관심이 전혀 없더라도, 내가 사는 공간을 잘 꾸미고 싶어 하고 그러다 보니 풍수 인테리어와 관련된 액자 하나쯤은 집 안에 걸어두곤 한다. 나는 그 관심을 조금 더 증폭시켜주는 역할을 하기 위해서 이렇게 이야기를 이어가고 있는 것이다. 그 관심을 증폭시킨다면, 현실적으로 부동산과 관련된 인사이트를 얻을 수 있게 된다. 더 나아가 우리가 살아가는 공간에 대한 사회적인 공감대를 형성할 수 있게 될 것이고, 공간의 개념을 내가 살아가는 집뿐만 아니라 나의 생각, 나의 가치관에도 대입하여 정말로 큰 가치를 얻을 수 있게 된다. 그러니 이 책을 잘 집어 든 것이다.

아빠는 풍수 보는 사람입니다

이쯤에서 이 책을 관통하고 있는 풍수에 대한 근본 가치가 어디서 나온 것인지를 짚고 넘어가야 할 것 같다. 내가 풍수를 배우고 있는 스승님은 앞으로 우리나라의 새로운 풍수지리 문화를 이끌어갈 유일한 전문가이신, 나의 아빠 '천성조 풍수마스터' 님이다. 여담이지만 처음 유튜브를 만들었을 때 채널명은 '아빠의 실전풍수'였다가, '천성조 명품풍수'로 변경하였다. 나이 드신 분들이 구독자의 주류를 이루다 보니, 구독자분들 중 일부는 나이가 몇인데 아빠라고 하면서 악플을 달기도 했다. 엄청 예의 바른 청년이라 할 수는 없지만, 그렇게 말하는 사람들에 비하면 누구보다 유교적이고 예의를 중시하는 한 사람이라 할 수 있다. 내 또래의 사람들은, 이제 아빠라는 말이 더 익숙한 경우가 많다.

천성조 풍수마스터, 유튜브 촬영 중 모습 유튜브의 생태를 정확하게 이해하신다. 나이는 육체가 아니라 머리 속에 있는 것이다.

마스터님은 한평생 풍수를 업으로 삼으신 분이다. 물론 그 이외에도 많은 사업을 하셨고, 어떨 때는 부끄러울 정도로 정의로운 분이라 내가 초등학교에 다닐 무렵에는 구의원도 두 번 하시면서 소위 잘나간 분이었다. 풍수와 관련된 커리어만 살펴보자면, 20대 때부터 다른 사람의 터를 잡아주셨다고 한다. 지금은 팔순이 되셨으니 경력이 60여 년이 되는 것이다. 그냥 세월 따라 생긴 경력이 아니었다. 긴 세월 동안 현장을 경험한 것이 3,000곳이 넘는다. 또한 풍수지리를 업으로 삼은 분이 가장이었을 때 겪을 수 있는 일들에 대해서 아마도 많은 분이 잘 모를 것이다. 다음의 내용은 믿어도 좋고 안 믿어도 좋다. 하지만 나는

정상에서 미소 짓는 지금이 오기까지 상상할 수 없는 역경을 견뎌내야만 했다.

직접 보고 겪은 진실만을 이 책에 담고 있다. 다른 사람의 집터와 조상님의 묏자리를 정해주는 일은 한 사람의 인생을 바꾸어 놓는 일이다. 누구보다 정확하게 자리를 보는 눈을 가지셨기 때문에, 그리고 너무나 정의롭고 고지식하셨기 때문에 항상 현장에서 최고의 정성을 들여서 감정을 하거나 터를 잡아주셨다. 큰 대가도 없이 너무나도 많은 사람의 삶을 좋게 만들어주었기 때문이었을까. 사실 이 책을 쓰기 불과 몇 년 전만 하더라도 가족 모두가 지나치게 힘든 시간을 견뎌야 하기도 했다. 사람 각자가 한평생 겪어야 할 고통의 시간이 있는데, 그러한 자연의 순리를 깨고 일개 사람이 임의로 한 사람의 운명을 변화시켰으니 하늘이 우리 가족에게 대신 벌을 받게 한 것이 아니었을까.

오랜 세월 참 어려운 일들을 많이 겪어오셨다. 그럼에도 불구하고 특유의 강인함과 긍정적인 마인드로 단 한 번도 술을 드시고 집에 들어오시거나 낙담하는 모습을 보이지 않으셨다. 조금만 기분이 좋지 않아도 맥주를 찾는 나와는 참으로 다른 모습을 가진 분이다. 어릴 때는 몰랐지만, 이제 가정을 꾸리고 경제활동을 하는 위치가 되어보니 아빠의 그러한 모습을 내가 닮아갈 수 있을지 의문이 든다. 나는 그렇게 못할 것 같으니까. 풍수와 관련하여 스스로의 실력에는 자부심이 있으셨기 때문에 언제 어떤 자리에서건 당당하셨다. 그 실력을 알아본 것인지, 대학 총장의 임명장으로 단번에 평생교육원 교수라는 직함을 얻게 되셨다. 지금은 교육의 형태가 다양하지만, 우리나라 대부분의 풍수 교육은 평생교육원을 통해서 이루어져 오고 있다. 그리고 풍수지리와 관련한 직접적인 전공이 없고, 보통 지리나 환경생태, 건축 관련 박사 출신들이 풍수지리를 교육해왔다. 그러다 보니 현장 중심보다는 그저 책을 보고 풍수를 공부한 사람들이 교육 현장의 대부분을 차지하고 있었던 것이다. 학력만을 믿

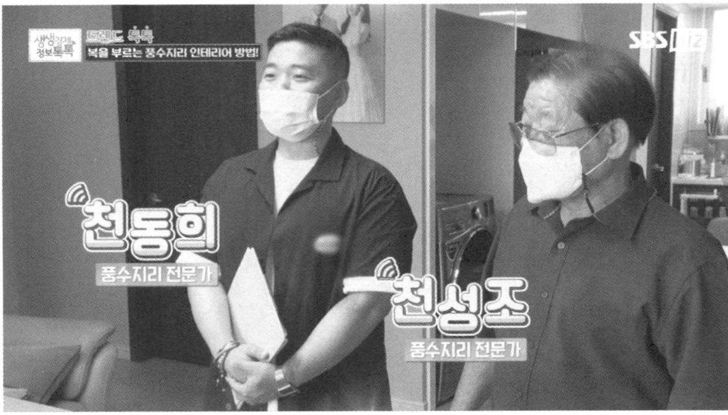

SBS BIZ 생생경제 정보톡톡 출연 모습 잊혀져 가는 자연의 이치를 대를 이어 전수받고 있다.

고 마스터님과 경쟁했던 사람들은 당시 마스터님의 수업을 들었던 수강생들의 객관적인 평가에 의해서 자연스레 뒤로 밀려나게 됐다.

그 누구보다 마스터님의 실력을 당당히 이야기할 수 있는 이유는 바로 현장 경험 때문이다. 60년 동안 수천 곳 이상의 땅을 파보고 현장을 봐오셨으니, 지금은 동네 입구에만 가도 어디쯤에 좋은 묫자리가 있는지, 아파트 단지 어디에 수맥이 있고 기가 흐르는지 바로 알 수 있는 경지에 이른 것이다. 마스터님의 실력을 아는 분들은, 그 실력이 마치 신이 오른 사람 같다고 하기도 했다. 하지만 그것은 영적인 차원이 아니라 누구보다 오랜 경험과 노력으로 이루어진 것이다.

현대 한국의 모든 풍수지리는 중국 서적을 바탕으로 발전되어가고 있다. 통일신라시대의 도선국사께서 들여온 「금낭경」, 「옥룡자」 등의 서적이 조선시대에는 잡과의 배강 과목 중 하나였다. 예전 선조들은 분명 맑은 자연 속에서 혜안이 있으셨다. 그 시절에 자리 잡은 종갓집 집터, 역사 속 인물들의 묘터를 보면 명당인 경우가 많다. 중국 서적을 통해서 공부를 했지만, 자연을 바라볼 줄 아는 눈이 있었기 때문에 가능한 일이었다. 지금의 한국 풍수지리는 그와는 거리가 멀다. 모든 전문가가 여전히 중국 토양에서 비롯된 학문만을 공부하여 한국의 토양에 접목하려 하니 그것이 제대로 맞아떨어질 수가 없는 것이다. 마스터님만은 국내에서 유일하게 자연을 통한 경력과 더불어 중국 서적의 이론들이 어떠한 점에서 한국의 현실과 맞지 않는지 정확히 알고 계신 분이다. 내가 풍수지리를 공부하면 할수록 마스터님의 가치를 깊이 체감한다. 그래서 한 말씀이라도 더 기록하고 영상으로 남기기 위해서 지금도 노력하고 있다. 단순히 한 사람의 업적을 기리기 위함이 아니라, 동시대를 살아가고 있는 한 사람이 가지고 있는 지혜가 우리 모두에게 꼭 필요한 것이라는 확신이 있기 때문이다.

그러니 이 책에서 언급되는 사례와 풍수에 대한 가치는 모두 풍수 마스터님으로부터 나온 것이다. 즉 60년의 경력과 현장 경험을 통해서 얻게 된 통찰력, 4대째 내려오는 자연의 지혜가 고스란히 담겨 있는 것이다.

50년 동안 새벽 기상을 한 사람 - 함부로 업으로 삼지 말라

마스터님의 이야기를 이어가면서, 풍수지리를 업으로 삼는다는 것에 대해 조금 더 이야기해보려 한다. 마스터님은 특유의 부지런함으로 젊은 시절부터 팔순이 넘은 지금의 나이에도 새벽 5~6시면 눈을 뜨고 기도와 명상으로 하루를 시작하신다.

"놀고 싶지 않고 눕고 싶지 않은 사람이 어디 있겠나? 하지만 나는 집안을 일으켜야 한다는 일념 하나로…"

새벽 기상과 관련된 유튜브 영상에 나오는 마스터님의 말씀이다. 그렇게 부지런하고 바른 삶을 살아가려는 마음가짐을 바탕으로 삶을 이어오셨기 때문에 하늘이 그에게 자연을 볼 수 있는 권한을 허락하였을지 모른다. 나의 가족인 것을 떠나 한 분야의 대가가 된 사람의 삶이라는 측면에서 지켜보았을 때, 놀라

40년이 넘는 세월동안 어김없이 새벽기상을 통해서 하루를 시작하신다. 한 사람이 단 하루를 보내는 모습만 지켜보아도 그 사람의 평생을 알 수 있다.

운 부분들이 한두 가지가 아니었다. 가장 첫 번째는 성실성이었다. 성실함에 있어서는 그 누구도 따라갈 수 없는 삶을 살아오셨다. 소위 말해서 술담배를 전혀 하지 않으신지 30년이 넘으셨다. 예전에는 술을 지고 가지는 못해도, 다 마시고 갈 수는 있다고 할 정도로 엄청난 주량을 자랑하셨고 그럼에도 불구하고 한 번도 취한 모습을 집 안에서 보이지 않으셨다. 자기관리의 측면 뿐만 아니라 연구의 차원에서도 마찬가지다. 농사일을 해야 했던 유년기 시절에는 공부할 시간이 없어 잠을 쪼개어 새벽까지 공부하고 공부한 내용을 붓으로 팔뚝에 적어서, 낮 시간 동안 외우고 지내기를 반복하셨다. 다음으로는 진실성이다. 경제적인 이득보다는 올바른 가치에 주목하는 삶을 살아오셨다. 한 때, 당신의 기술이 금전적으로 환산되는 것 자체를 용납하지 못해 차라리 무일푼으로 자리를 봐주던 시기도 있으셨다고 했다. 그만큼 진실된 마음, 깨끗하고 강직한 마음으로 자리를 잡아주면서 살아온 것이다. 물론, 아무런 대가 없이 진행되는 일은 서로에게 좋지 않은 영향을 미치게 된다. 마지막으로는 긍정성이다. 나는 유튜브를 시작하는 마음이 가벼웠지만, 마스터님은 그렇지 않았다. 80을 바라보는 나이에 시작했지만, 당신의 나이는 이제 40이라 생각하고 20년 후 100세가 될 때 환갑잔치를 하겠다는 마음으로 20년 계획을 세우고 활동을 시작하셨다. 나의 기획이 뒷받침되지 못했을 뿐이지, 마스터님의 뛰어난 혜안을 알아보는 이들이 있어, 유튜브 채널이 개설된 지 18개월 정도 되는 시점에서 구독자가 2만 7천 명을 넘어섰다. 물론, 이보다 더 빠르게 성장하는 채널들이 많고, 오히려 노력보다는 느린 성과를 보이고 있지만 그래도 긴 호흡으로 바라보자면, 지금의 숫자는 크게 중요한 것이 아니다.

예전 사법시험을 준비하던 시절, 고승덕 변호사의 합격 수기는 사법시험을 준비하는 이라면 한 번쯤은 다 읽어봤을 전설 같은 이야기였다. 잘 모르는 이들은, 보통 뛰어난 성과를 낸 사람들이 뛰어난 머리를 가졌다고 생각한다. 하지만, 그들에게는 뛰어난 머리를 넘어서는 뛰어난 노력이 있었다. 고승덕 변호사는 고시 3관왕이라는 타이틀을 가지고 있었는데, 그렇게 하기 위해서 밤낮을 바꾸어서 공부했고, 밥 먹는 시간이 아까워서 밥을 갈아 마셨다고 한다. 그리고 눈 떠 있는 모든 순간 최고의 집중력을 발휘하여, 읽는 것과 동시에 거의 암기를 해버렸다. 누군가의 머리를 생각하기에 앞서 일반인들의 입장에서는 그러한 노력을 따라서 할 수 있는지를 생각해보아야 하는 것이다. 이처럼 마스터님이 한 분야의 대가가 되기 까지 천부적인 재능도 있었지만, 그것을 뛰어넘는 노력이 있었다. 나는 그것을 알기에 그러한 노력을 해야 된다는 것을 최소한이나마 인식은 하고 있다. 아직도 따라 하지를 못할 뿐이다.

요즘 풍수 인테리어를 중심으로 10~20여 년 전보다 훨씬 많은 사람이 풍수지리에 대해 관심을 가지고 있다. 이렇게 세상이 돌아가니 자연스레 민간자격증도 생기고 이것을 업으로 쉽게 삼으려 하는 사람들도 많아졌다. 나도 업으로 하고 있는 사람으로서 이렇게 말하는 것이 모순되지만, 그래도 이 말은 꼭 하고 싶다. 돈벌이가 목적이라면 풍수지사보다는 다른 일을 하고 다른 자격증을 공부하는 것이 차라리 낫다. 풍수를 공부하는 이라면 누구나 한 번쯤 들어봤을 법한 말이 있다. 의사는 한 사람의 생명을 좌지우지할 수 있지만, 풍수지사는 한 가문의 명운을 좌지우지한다고 했다. 의사가 진료 한 번 잘못하거나 수술 한 번 잘못하면 한 사람만 잘못될 뿐이다. 풍수지사가 작정하고 나쁜 집터, 나쁜 묫자리를 구하면 그 집안 전체가 망할 수도 있는 것이다. 그만큼 풍수지리는 한 가문의 운명을 결정짓는 내용을 담고있는 것이기 때문에 쉽게 업으로 삼고자 해서는 안 된다.

혹자들은 아예 대놓고 고수익, 정년이 없는 직업이 풍수사라고 하며 자신들의 강의와 컨텐츠를 홍보하고 있다. 일부 이론적인 지식을 몇 시간 공부하였다고 해서 직업으로서의 자격을 갖추었다고 할 수 없다. 특히나 풍수는 더더욱 그렇다. 의사의 자격을 갖추기 위해서는 엄청난 공부와 시간, 노력이 필요한 것처럼, 풍수지리도 마찬가지다. 인터넷상에 떠돌아다니는 수많은 정보를 보면 이런 제목을 쉽게 접할 수 있다.

"재미로 보는 풍수지리"

"믿거나 말거나 한 번 알아보는 풍수 상식 3가지"

이 책을 보시는 분들도 한 번쯤은 들어봤을 것이다. 누군가의 생사를 다루는 일을 재미로 한다고 하니, 얼마나 엄청난 이야기인가. 그러니 풍수지리를 업으로 삼고자 하기 전에 여러 가지 고민해보아야 한다. 예전에 한 어머님께서 전화를 주셨는데, 자신의 아들을 풍수지사로 만들고 싶다고 했다. 그래서 어떻게 공부하면 되는지를 물어보셨는데, 차분히 여러 가지 말씀을 드렸고 결론적으로는 생각을 달리해보시라 하고는 통화를 종료한 적이 있다. 풍수지사가 되고 싶다면, 100번 이상을 생각해보았으면 한다. 그리고 마스터님이 했던 노력의 절반이라도 실행할 수 있는 의지가 있는지를 돌아보아야 한다. 내가 이 일을 왜 해야 하는지를 생각해보고 정말 이것이 아니면 내 인생이 큰일 날 것 같다, 내 삶의 이유가 없다고 하는 것이 아니면 반드시 다른 일을 알아보라고 하고 싶다.

로스쿨 포기하고 풍수 유튜버가 되기까지

2020년, 코로나가 불현듯 찾아왔고 나도 불현듯 직장에서 나오게 됐다. 30대 중반. 아직 도전을 더 해보고 싶은 마음이 들었다. 이참에 다시 본격적으로 로스쿨에 도전해봐야겠다고 마음을 먹었다. 그러다 문득 금이야 옥이야 키운 아들이 한 번도 부모님을 위해서 뭔가를 해드린 적이 없었다는 것을 깨닫게 됐다. 그 전부터 엄마는 아빠가 말씀하시는 것들을 유튜브로 남겨놓으면 어떻겠냐고 말씀하셨다. 번듯한 직장에 다니는 것도 아니었고 변호사가 된 것도 아니었기 때문에, 내가 부모님께 드릴 수 있는 것은 나의 시간뿐이었다.

이때까지도 유튜브가 뭔지 어떻게 촬영하고 편집해야 하는지에 대해서는 아는 바가 없었다. 서점에 있는 책 몇 권을 읽고 주말에 잠깐씩 시간을 내어 1주일에 1개씩만 영상을 업로드하면 되

유튜브 촬영 모습 처음에는 어려움도 많았지만 이제는 카메라가 켜지면 말투부터 달라지는 프로유튜버가 되셨다.

지 않을까라는 막연한 생각만 가지고 무모하게 시작했다.

"이제 그, 주산이 배역하고 있는 형태로 하기 때문에 그 참…"

"아빠, '이제 그'라는 말씀은 안 하셔도 돼요."

"주산이 배역하고 이제 그 있는…"

"아빠!"

처음 유튜브를 시작했을 때, 가장 어려웠던 점은 경상도 아들내미가 아빠를 마주 보고 많은 대화를 나누어야 한다는 것이었다. 그리고 아무리 부자지간이라 하더라도 30대와 80대의 소통 과정이 마냥 순조로웠던 것은 아니었다. 하지만 어색한 마주침이 쌓여갈수록 앵글 속에 담긴 깊은 이야기들에 대한 공감이 쌓여갔다. 연세에 비해서는 말씀도 잘하시고 재치도 있으셨기 때문에 쉽게 촬영을 이어갈 수 있었다. 물론 위에서처럼 작은(?) 사건들도 많지만, 기획과 촬영 그리고 편집하는 시간 동안 온전히 나의 아빠, 나의 가족에게 집중할 수 있는 시간도 갖게 됐다. 그렇게 촬영하는 시간이 늘어나고 편집한 영상들이 쌓여갈수록 말씀하시는 내용 속에 담긴 풍수의 가치를 깨닫게 된 것이다.

대부분의 자녀들이 그렇지 않을까. 부모님이 말씀하시는 게 아무리 옳은 내용이라고 해도 그것을 쉽게 받아들이지는 못한다. 차라리 전혀 모르던 누군가가 그 이야기를 해주면 더 잘 알아들을 것이다. 나도 그런 자녀 중 한 명이었다. 그러다가 유튜브를 찍으면서 내 앞에 앉아있는 사람이 '아빠'를 너머 한 분야의 대가로 점차 변하게 된 것이다. 우리가 보통은 미신의 한 영역으로 치부하고 마는 풍수지리지만, 마스터님이 말씀하시는 것들은 그렇지 않았다. 언제나 핵심은 자연 속에 있었고, 허울뿐인 이론은 거의 없었다. 최소한의 이론, 동양의 이치가 담긴 근본 이론만 있을 뿐이었다. 자연에 맞추어 살아가고자 하는 약한 인간이 만들어낸 풍수지리의 철학이 지금 우리가 살아가는 현대에도 그대로 적용이 되어야 한다 생각했다. 그리고 무엇보다 현재 풍수지리 교육의 현장이 너무나도 잘못되어 있음을 알게 됐다. 중국 이론을 중심으로 잘못된 교육이 공공연하게 펼쳐지고 있으니 늘 이론가들을 강하게 비판하던 마스터님의 심정을 이제서야 진정으로 이해할 수 있게 된 것이다.

유튜브에 업로드되는 영상이 늘어날수록, 내 머릿속의 지식과 생각들도 쌓여갔다. 유튜브를 통해서 문의도 들어왔기 때문에 수입으로도 이어졌다. 함께 현장으로 출장을 나가게 되면서, 진정으로 마스터님이 해오신 일이 신성하고 소중한 일이라는 것을 깨닫게 됐다. 터로 인해서 고통받는 사람들이 생각보다 많다. 고통인 줄도 모르고 고통을 받는 사람들은 더욱 많다. 이 대목에서 내가 무언가를 할 수 있겠다는 생각이 강하게 들어왔다. 사실 새롭게 로스쿨을 위해서 수험공부를 한다는 것이 쉬운 결정은 아니었다. 공부를 하는 것도 문제지만, 궁극적으로 내가 그렇게 노력을 들여서 얻어낸 결과물이 진정으로 내가 바라던 좋은 일을 하는 사람이 맞는가에 대한 의문이 많았다. 물론 공부를 잘했더라면, 바로 합격해서 그런 고민을 할 틈이 없었지 않았을까 생각한다. 내가 생각했던 대로 나의 삶이 흘러가

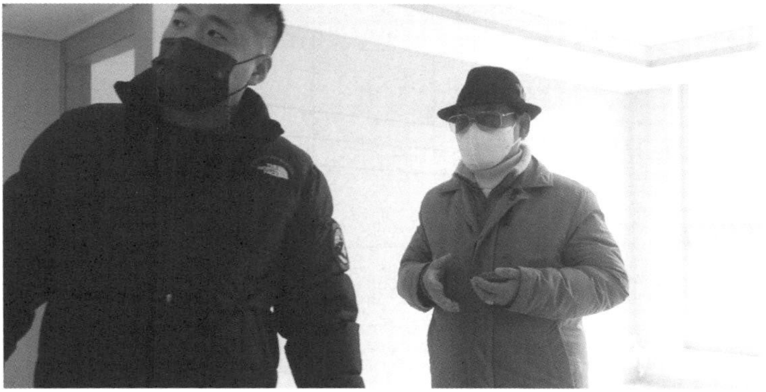

부산 출장 현장 마스터님과 함께 전국으로 출장을 다니고 있고, 웬만한 전문가들보다 훨씬 많은 현장 경험을 쌓아가고 있다.

지는 않았지만, 이제 마지막으로 나의 진로에 대해서 결정해야 할 때가 된 것이다.

부모와 자식 간의 측면에서 봤을 때 번듯한 직장은 아니지만, 곁에서 늘 모실 수 있다는 점, 풍수지리를 공부하고 사람들에게 알려주는 것이 법률가가 되어 한 사람을 위해 변호하는 것보다 나을 것이라는 점, 대부분 사람이 외면하고 잊게 될 우리의 전통을 내가 배우고 이어갈 수 있다는 점 등을 봤을 때 본격적으로 마스터님을 모시면서 유튜브 채널의 기획자로서 그리고 우리나라 유일의 풍수 전문가의 계승자로서의 삶을 살기로 결심했다.

어차피 법조인이 되려고 하는 이유 중 가장 큰 부분은 부와 명예에 대한 측면이다. 돈이야 나의 새로운 영역을 구축하여 벌면 될 것이라 생각했고, 소신을 가지고 생소한 분야에서 열심히 활동하다 보면 생각보다 빠르게 사회적으로도 성공할 수 있을 것이라는 판단이 들었다. 그렇게 마음을 먹고 1년 반이 조금 지나지 않은 시점에서, 나는 내 이름으로 된 풍수 책을 쓰고 있는 지금에 이르게 됐다. 그 1년 반이라는 시간 동안 부동산 풍수 컨설팅 회사인 머찌동컴퍼니의 대표가 되었고, 풍수 인테리어와 아파트 풍수지리 강의를 진행하고 있으며, 부동산학 건설개발 전공에서 석사 과정도 밟아나가고 있다.

유튜브 채널을 개설하고 1년 반 동안 수많은 현장을 다녀보았고 수많은 사람의 집을 들여다보았다. 그들의 아픔을 들었고 더 나은 삶의 길을 제시해드렸다. 유튜브로서 그칠 것이 아니라 더 많은 사람에게 실질적이고 정합적인 데이터를 가지고 우리나라에 맞는 주거모델을 제시하기 위해서 대학원에 진학하게 됐다. 해야 할 일이 너무나도 많아졌고, 몸이 두 개라도 모자란 상황이 되었다. 그렇지만 마음은 그 어느 때보다 행복하다. 나의 생각 하나, 나의 말 하나가 바로 누군가의 삶을 살릴 수 있는 도구가 된다는 것이 얼마나 행복한 일인지 모른다. 물론 부모님의 내심에는 아들을 '사'자 달린 사람으로 만들고 싶으셨을 것이다. 나도 가끔은 내 주변의 동기들을 보면서 작아지는 순간이 있기도 하지만, 이내 괜찮아진다. 아무도 걷지 않은 길을 걸어가고 있고 너무나도 잘 걸어가고 있다 자신하기 때문이다. 풍수지사의 길이 어렵고 험난하며 위험한 것임을 이미 수없이 언급했다. 그래서 최대한 많은 사람에게 올바른 전통의 가치를 전할 수 있는, 현실적으로 많은 사람의 삶에 도움이 될 수 있는 방향으로 노선을 정하고 하루하루를 쌓아가고 있다.

40대 이전에는 풍수에 관심을 갖지 않는 이유

"아휴, 선생님 저는 지금까지 풍수지리 같은 거 안 믿고 살았는데요, 글쎄 작년에…"

상담하시는 분들 중 상당수가 이런 말씀으로 본인들이 겪은 아픈 사연들을 이야기하기 시작한다. 대부분 사람은 열심히 살고 노력해서 바르게 살아가면, 큰 고통 없이 삶이 이어질 거라 생각한다. 그러다가 나의 노력 여하와는 다르게 누군가를 잃게 되거나 큰 병을 얻게 될 때, 하던 사업이 망하거나 갑자기 직장을 잃게 됐을 때, 여러 형태로 나타나는 감당하기 어려운 아픔들을 겪은 이후에야 뭔가 문제가 있었음을 깨닫는다.

사람은 젊을 때 가장 왕성한 기운을 갖는다. 보통 젊은 사람들을 보고 철도 씹어먹을 나이라고 하지 않던가. 풍수지리적인 측면에서 봤을 때도, 20~30대의 나이에는 터로 인한 나쁜 영향을 덜 받는 편이다. 그리고 개개인의 역량에 따라서 터와 상관없이 큰 성과를 내기도 하고, 마음만 굳으면 뜻하는 대로 삶이 흘러가는 것을 경험할 수도 있다. 하지만 지지 않는 꽃은 없다. 한 인간의 왕성한 시기는 생각보다 빠르게 저물어간다. 기운이 빠지고 40대로 접어들게 되면, 그때부터는 터의 영향을 직접적으로 받는 사정권에 들어가게 되는 것이다. 개인의 차이는 있지만 일반적인 상황을 이야기하는 것이다. 그러다 보니 실제 상담하러 오시는 분들의 대부분이 40대 중반을 넘어선 분들이다. 너무나 열심히 살았고 누구보다 바르게 살았음에도 불구하고 인생이 제대로 풀리지 않는 것에 대해서 한탄을 하시는 분들이 참으로 많다.

이렇게 마음이 약해지면 쉽게 유혹에 빠지기 쉽다. 풍수지리를 그런 유혹 중 하나로 생각하지는 않았으면 한다. 유혹으로 분류되는 것이었다면 나는 이 글을 시작하지도, 이 길을 선택하지도 않았을 것이다. 일이 잘 풀리지 않을 때 가장 먼저 찾게 되는 것이 사주풀이다. 나도 모르는 운명의 열쇠와 길이 정해져 있지 않을까 하여 사주풀이에 의존하게 된다. 나도 마음이 답답하거나 할 때는 사주풀이 하는 곳을 찾아가기도 한다. 하지만, 사주풀이는 답답한 마음에서 심리적인 위안을 얻기 위함일 뿐이다. 그러다 간혹 부적을 권하는 사람들도 있다. 부적을 쓰다 보면, 점집에 찾아가 볼까 하는 생각까지 하게 된다. 그러고 나면 부적도 쓰고 굿도 하면서 자신들의 삶이 조금이라도 나아지길 기대하게 된다. 무당이나 점술가들의 존재를 부정하는 것은 아니다. 다만 그곳에 찾아간다고 하더라도 근본적인 해결책을 찾지 못하기 때문에 그러는 것이다. 문제를 해결하고 싶은 의지가 있다면 문제점이 무엇인지부터 찾아야 한다. 문제점도 찾지 않고 막연히 문제가 풀리기만을 바라는 것은 어리석은 생각이다. 설령 신이 있다고 치자. 우리들 대부분은 이런 식으로 기도한다. 내가 불구덩이에 있는 줄도 모르면서 불에 타지 않게 해달라고. 불에 타지 않으려면 일단 불에서 나오는 게 우선이다. 자신은 불구덩이로 걸어 들어가면서 불에 타지 않게 해달라고 한다면 어느 신이 나를 구해주겠는가. 안타까운 것 중 하나는 삶에 대한 고통을 느끼고 환멸에 빠지는 나이대가 점점 아래로 향하고 있다는 것이다. 이 역시나 풍수지리적인 측면으로 해석할 수 있으나 이 부분은 음택(죽은 사람의 자리를 정하는 것)과 연관된 내

강남 출장지 앞에서 우리는 문제가 생길 때 엉뚱한 곳에서 답을 찾으려 한다. 답은 멀리 있는 것이 아니다. 답은 내가 사는 곳, 내 생각 속에 있는 것이다.

용이기 때문에 이번 페이지에서는 여기까지만 이야기하겠다.

보통의 사람들이 사주, 관상, 부적, 무당과 더불어 함께 고민해보는 것이 바로 풍수지리다. 이러한 현실이 안타깝기는 하지만 앞으로는 차차 변해갈 것이라 본다. 이 지점에서 풍수지리만큼은 앞에서 나열한 것들과는 궤를 달리한다고 말하고 싶다. 앞으로도 이 말은 수없이 반복할 것인데, 풍수지리는 인간이 자연에 맞게 살아나가기 위해서 발전시킨 생활철학이다. 순간의 운세에 맞추어 내 삶이 변하기를 바라는 임시방편이 아니라 근본적인 나의 문제를 해결하고 내가 더 나은 삶이 될 수 있도록 할 수 있는 것이 풍수지리의 진면목이다. 할아버지들이 묫자리 쓰기에 몰두하는 풍수가 아니라, 남녀노소 모두가 내가 살고 있는 집과 내가 살고 있는 공간에 대한 이해도를 높일 수 있는 것이다. 그러니 인생의 큰 시련을 겪기 전에 풍수지리에 대해서 제대로 알고 공부해나가면서 내가 살아가는 공간을 바꾸고, 삶을 살아가는 내 마음의 공간을 바꾸어나간다면, 이것이야말로 진정한 삶의 재테크가 될 수 있는 것이다.

수많은 상담을 직접 해 본 결과, 단 한 번도 인생의 큰 시련을 겪지 않은 이들은 없었다. 40대가 넘어가면서부터는 쇠약한 기운으로 인해서, 터가 좋지 않은 곳에 이사가거나 조상님의 산소에 문제가 생기면 바로바로 영향을 받게 된다. 분명 열심히 살고 있고 누구 하나 해코지한 적도 없이, 심지어 조상님 제사도 꼬박꼬박 지내는데도 왜 갑자기 내 삶이 이렇게 된 것인지 한탄하시는 분들이 한둘이 아니다. 그러면서 자연스레 뭔가 자신들이 모르는 곳에서 문제가 있음을 느끼게 된다. 그 문제의 지점에 바로 풍수지리가 있는 것이다. 허울 좋게 포장하기 위해 지어낸 말이 아니다. 우리가 인지하지 못했을 뿐, 이미 그러한 원리대로 흘러가는 것이다. 부동산 시장에서 수요가 부족하면 집값이 상승하는 것처럼, 당연한 이치인데 그것을 애써 부정하는 것이다. 그럼 실제로 풍수지리를 알고 나서 삶에 적용하면 직접적으로 삶이 개선되는가? 그렇다. 만약 내가 사는 아파트가 문제라면 좋은 터, 좋은 구조로 된 아파트로 이사 가면 대부분 해결이 된다. 믿기지 않겠지만, 이것은 사실이고 그와 관련된 이야기들을 다음 장들을 통해서 본격적으로 이어 나갈 것이다. 서점가에 가보면, '50대부터 읽어야 할'이라는 문구가 붙은 책들이 참 많다. 50이 되어 알아가야 할 것들이 참 많은데, 어차피 알아야 할 내용이라면 하루라도 빨리 알면 더 좋지 않겠는가. 모든 경험은 의미가 있다. 몸소 겪으면서 배워가야 할 고통도 있으나, 풍수를 제대로 몰라 터로 인해 겪게 될 고통은 돌이킬 수 없는 것들이 많다. 그렇기 때문에 하루라도 젊을 때, 알고 공부해나가는 것이 인생의 재테크에서 남들보다 앞서나갈 수 있는 비결이다.

둘

MZ세대부터 알아야 할 인생 재테크 공식 - 풍수지리 기본 상식

이번 장을 통해서 본격적으로 우리가 알았을 때 인생에 큰 도움이 될 풍수지리에 대해서 쉽게 설명해보려 한다. 분명 기존에 풍수지리를 접했던 내용과는 다를 것이다. 모든 공부의 시작은 개념 설정이다. 어려운 이론은 거의 없음을 미리 밝힌다. 편하게 읽어내고 나면, 풍수지리에 대한 기본개념을 쉽게 머릿속에 그리게 될 것이다. 그리고 부자가 되는 길에 한발 더 나아가게 될 것이다.

살아있는 지구, 살아있는 집, 살아있는 풍수

풍수지리를 본격적으로 공부하기에 앞서 머릿속에 설정해 놓아야 할 것들이 있다. 가장 먼저 기억해야 할 것은 지구에 대한 개념이다. 인간은 이 지구상에서 아주 특별한 존재라는 것에는 이견이 없을 것이다. 앞으로 어떻게 세상이 변화될지는 모르겠지만, 지금까지는 인간이 뜻하고 상상하는 거의 모든 것들이 기술개발을 통해서 실현되었다. 영화 〈매트리스〉처럼, 뇌 속에 칩을 넣고 머릿속으로 훈련만 하면 우리가 원하는 기술을 익힐 수 있는 시대가 되었다. 그렇다 보니, 인간이라는 존재는 겸손을 잊어버린 것일지 모른다. 인간은 길게 살아야 100년이지만, 지구는 지금까지 대략 40억 년을 살아오고 있다. 앞으로 산 날보다 더 많은 시간을 살아야 지구는 사라질 것이라 한다. 그러니 지구 앞에서 어느 정도 겸손함을 갖추어야 하지 않을까.

그다음으로 중요한 개념은, 기운에 대한 것이다. 이 세상에 존재하는 모든 것들에는 기운이 있다. 매일 먹는 밥 속에도 기운이 있고, 무심히 밟고 지나가는 풀 한 포기에도 기운이 있다. 쳐다보기도 싫지만 음식물 쓰레기에도 기운이 있다. 그렇다면 내가 사는 집은 어떨까? 당연히 기운이 있다. 예전 우리 조상님들은 이러한 것을 다 알고 계셨다. 집을 지키는 수호신을 예로부터 '성주신'이라 하였다. 영화 〈신과 함께 : 인과연〉에서는, 배우 마동석이 집을 지키는 성주신 역할을 하는 것을 볼 수 있다. 집안 한 켠에 물을 떠 놓고 가족들이 잘 되길 바라온 우리네 부모님들이 어

대구 출장 현장 나에게 맞는 집터라는 개념은 없다. 좋은 터, 좋은 집에 살면 누구나 좋은 기운을 받게 된다.

쩌면 가장 터와 잘 교감을 했었고 지혜롭지 않았을까라는 생각이 든다. 고유한 기운이 깃들어있는 집과 내가 잘 교감을 할 수 있어야 진정으로 행복하고 부자가 될 수 있다. 나와 잘 맞는 집을 찾는다고 하면 또 사주부터 찾아보는 사람들이 있을 것이다. 여기서 잘 맞는다는 것은, 내가 자연의 순리를 잘 따르는 사람인가를 의미하는 것이지 내 사주팔자가 어떠한지는 아무런 상관이 없다.

풍수지리는 대략 3,000년 전부터 시작되어 왔다. 동아시아 지역을 중심으로 발달하였으며, 우리나라에 본격적으로 들어온 것은 통일신라시대 도선국사를 통해서라고 흔히들 알고 있다. 우리나라는 통일신라시대 이전부터 이미 풍수지리의 개념을 적용하고 있었다는 것을 고분에 있는 사신도를 통해서 주장하기도 한다. 시간이 흘러 중국에서 들여온 풍수 고서는, 조선시대를 거쳐 지금까지 전해져 오고 있다. 역사적 사실들에 대한 내용은 이 정도만 알아도 충분하다. 어차피 이 책을 기점으로 하여 우리는 이제 새로운 풍수지리를 배우고 삶에 적용해 나가야 한다. 우리나라는 일제시대를 거치면서 민족문화와 관련된 것, 우리의 삶과 관련된 것들이 대부분 말살되었다. 그중에서 큰 타격을 입은 것이 풍수지리다. 이제 다시 풍수 인테리어의 형태로 많은 사람에게 관심을 받기 시작했지만, 제대로 된 가르침을 받을 수 있는 스승도 책도 매체도 없었던 것이 지금의 현실이다. 하지만, 문자가 없던 시절부터 인류가 어떻게 하면 안전한 공간에서 살 수 있을지를 연구하였던 것처럼 지금의 사람들도 그러한 생각을 절대 놓지는 않을 것이다. 특히나 풍수지리에 조예가 깊었던 우리 선조들의 피가 우리에게도 흐르고 있지 않은가. 그러니 풍수를 공부한다면 이러한 생각들, 이러한 개념들을 머릿속에 미리 깔아두고 시작해야 한다.

저 푸른 초원 위에 그림 같은 집을 지었을 때 일어나는 일

풍수라는 단어는 중국의 고서 「금낭경」에서 찾아볼 수 있다. 바람을 막거나 가두고 물을 얻는다는 개념이다. 농경사회에서 비롯되었기 때문에 현실적으로 동아시아의 북서풍을 막아낼 수 있는 산이 있어야 했고, 농작물을 키울 수 있는 물을 끌어다 쓸 수 있는 곳이면 최적의 입지로 평가됐다. 지금은 농경사회에서 산업사회로 변화한 시대에 살고 있지만, 인간이라는 존재가 어떠한 시대를 살아가더라도 필연적으로 이야기될 수 있는 가치를 담고 있는 것이 '풍수'라는 단어다. 중학교 시절, 사회 교과서 속에서 배산임수라는 단어를 보았던 기억이 난다. 그만큼 많은 사람이 풍수지리라고 했을 때 배산임수를 쉽게 떠올리곤 한다. 어떠한 터의 풍수적인 입지를 분석할 때, 배산임수는 모든 개념을 함축한 단어이자 가장 근본된 원리다.

배산임수는, 산을 뒤로 등지고 물을 앞으로 둔다는 문맥적 의미 그대로 해석할 수 있다. 이 정도 의미는 전 국민 모두가 다 알고 있을 것이다. 그러니, 앞에 물이 있고 뒤에 산이 있으면 다인 줄 알고 들어갔다가 돌이킬 수 없는 화를 당하게 되는 것이다. 배산임수를 제대로 우리의 삶에 적용하기 위해서는 꼭 알아두어야 할 것들이 몇 가지 있다. 가장 첫 번째는, 실제 현장의 모습은 말처럼 친절하게 산이 뒤를 둘러싸거나 물이 앞을 감싸주고 있을 확률이 낮다는 것이다. 즉 자연의 모습이 다 제각각이

골짜기 사이에 지어진 건축물 실제로 저 건축물을 짓는 과정에서 여러번 부도가 났다. 골짜기 사이에 사는 사람은 그 누구든 화를 입기 쉽다. 더 무서운 것은 터의 영향은 한 번 받는다고 끝이 아니다.

기 때문에 그것을 일반인들 수준에서는 잘못 평가할 확률이 높다. 내가 사는 집을 중심으로 산이 내 집 뒤에 있다고 하더라도 만약 골짜기 사이에 위치한 집이라면 그 집터는 골짜기 사이로 불어 들어오는 바람에 의해서 큰 화를 입을 확률이 높다. 집터로는 아주 흉하다고 볼 수 있다.

물도 마찬가지다. 우리는 계곡에서 고요하게 흐르는 물소리 때문인지 물이 흐르는 소리를 좋은 것으로 생각한다. ASMR 중에서도 흐르는 물소리를 틀어놓으면 마음의 안정을 가져다준다고 생각한다. 하지만, 실제 풍수적인 의미로 봤을 때 물소리는 좋은 의미와는 거리가 멀다. 사람이 살아가는 자리는 안정되어야 한다. 그 자리를 안정되게 할 수도 있고 불안하게 만들 수도 있는 것이 물이다. 만약 물소리가 들릴 정도로 집 근처에 물줄기가 흐르고 있다면 그 집터는 좋지 않다고 봐야 한다. 휴식을 위해 들른 공간에서 잠시 듣는 물줄기는 평소에는 접하지 못하던 자연을 접한 느낌이라 심리적인 안정감을 줄 수는 있다. 문제는 그 소리가 매일 들리는 곳이라고 하면, 그만큼 물이 가까이에 있기 때문에 물의 기운이 강하게 영향을 미친다. 풍수적으로 물이 가까이에 있다면 위장으로 인한 질병을 쉽게 얻을 수 있고, 음기

금강휴게소 뒤편 무엇이든 지나치면 화를 입는다. 물은 휴게소나 여행지에서 한 번씩 가까이 하는 것이 가장 좋다.

가 강해서 심리적으로 우울감이 강해질 수 있다. 물은 내가 사는 공간과 어느 정도 거리를 두어야 한다. 무엇이든 적당한 거리감이 좋은 것이다.

많은 풍수 전문가들이 보통 한강을 예로 들어 물이 안고 가는 것에 대한 의미를 해석하고 있다. 물이 내가 사는 지역을 안고 돌아가면 길한 것, 내가 사는 지역을 치고 돌아간다면 흉한 것으로 판단한다. 큰 지역적인 의미에서도 그렇고 작은 동네에서도 동일하게 적용되는 원리다. 그래서 앞에 물이 있다고 해서 좋은 것이 아니라, 물이 내가 사는 지역과는 적당한 거리가 있어야 하는 것이다.

전원주택을 지어서 들어가는 대부분 사람이 연령대가 높고, 경제적으로 여유로운 사람들일 확률이 높다. 도심에서 바쁘고 치열하게 살았던 세월을 보상받고자, 도심을 벗어난 곳에서 그림 같은 집을 지어서 살길 원한다. 그렇게 원하던 꿈을 실현하여 잘 살면 참으로 좋겠지만, 전원주택을 짓고 불의의 사고를 당하는 경우가 상당히 많다. 그만큼, 터로 인한 직접적인 영향을 바로 받을 수 있기 때문에, 잘 된다면 아주 크게 잘 될 수 있고, 나쁘게 되려면 바로 해를 입을 수 있는 것이 전원주택이다. 집을 짓는다는 것은 풍수적으로 봤을 때, 여러 가지 위험성을 내포하고 있다. 터를 구할 때부터 주변 땅을 평탄화하고 집을 짓고 살기까지 그 모든 과정에서 터와의 상호작용이 일어나는데, 우리들 대부분은 그 과정 자체를 단순히 건축의 개념으로만 따지고 땅에 대한 존재를 인식하지 못하고 배려하지 않기 때문에 그 대가를 치르게 되는 것이다.

보통의 경우, 집을 짓는 분들이 집 지을 터를 알아볼 때 막연히 저 뒤에 산도 보이고 앞에 물도 흐르고 하니 토지를 덜커덩 구입해버리고 곧바로 집을 짓기 시작한다. 만약 노래 가사에 나오는 것처럼, 높은 초원 위에다가 예쁜 집 하나를 덩그러니 짓게 되면 사방에서 불어오는 바람을 막아주는 지형이 없어, 그 집에 사는 사람들은 좋은 기운을 받을 수가 없다. 사방에서 불어오는 바람은 내가 사는 공간에 머무르는 따뜻한 온기, 좋은 기운을 흩어버리기 때문이다. 풍수의 개념이 바람을 가둔다는 어원적인 개념을 되뇌어본다면 쉽게 이해할 수 있다. 이제는 배산임수가 쉬운 개념이 아니라는 것을 어느 정도 체감했을 것이다. 배산임수에 대해서는 조금 더 상세하게 판단을 할 수 있는 몇 가지 기준들이 있다. 이미 우리의 선조들은 몸으로 직접 겪어가며 그러한 기준들에 대해서 정립해놓으셨다. 우리가 중요하게 알아둬야 할 것들을 위주로 간단히 설명해보려고 한다. 앞으로 당신이 알게 될 어떠한 정보보다 큰 수익률을 자랑할만한 것이니, 잘 익혀서 생활에 적용해나갔으면 한다.

배산이라고 하여 꼭 뒤에 산이 있는 것은 아니다

배산임수의 단어에만 집중하다 보니, 꼭 등 뒤에 산이 있어야 한다고 생각을 하는 경우가 대부분일 것이다. 하지만 산이 꼭 뒤에 있을 필요는 없다. 우리가 생각하는 머릿속 그대로 자연을 이해하려 하면 곧바로 어려운 상황에 직면하게 된다.

항상 자연보다는 인간의 생각대로 구현되는 건축과 세상 속에서 지냈기 때문에 어렵게 느껴지는 것이다. 예를 들어, 사과를 떠올려 보자. 각자가 생각하는 사과의 모습은 조금씩 다를 것이다. 누군가는 색이 빨간 사과를 생각할 것이고, 누군가는 색이 파란 사과를 생각할 것이다. 어떠한 것이든 사과라는 것에는 틀림이 없다. 이처럼 산도 모양과 토질이 다 다양하다. 특히 산의 모양에 대해서는 다섯 가지의 형태로 분류하여 각각의 산세에 따라 그 주변에 살아가는 사람들에게 작용하는 기운이 달라진다. 이와 관련하여 더 깊게 들어가는 것은 이 책과는 맞지 않을 것 같다. 아마 이 책을 접한 대부분의 이들은 풍수에 대한 최소한의 관

광양 출장 사진 산이라 하여 다 좋은 것이 아니다. 산이 나를 감싸안는 것처럼 편안하게 자리잡고 있어야 한다.

심과 지식을 가졌을 확률이 높고 그게 아니라 하더라도 이론적인 부분보다는 자연을 있는 그대로 바라보는 눈을 키우는 것이 중요하기 때문에, 다른 책을 통해서 설명할 기회를 갖도록 하겠다.

뒤를 받쳐주는 산이 조금은 좌우로 빠져있다고 해도 나에게 영향을 주는 산임에는 큰 변화가 없다. 명확하게 앞쪽이나 옆으로 치우쳐 있다면 배산의 개념에서 벗어날 확률이 높지만, 그게 아니라면 나에게 영향을 주는 산이라는 것을 명확히 기억해두자.

골짜기 사이에 위치한 주택은 골바람을 바로 맞기 때문에 아주 흉하다

생각보다 많은 사람이 골짜기 사이에 집을 짓는 경우가 많다. 골짜기 사이에 집을 지을 경우 산을 타고 내려오는 바람이 바로 그 집으로 들이친다. 그렇게 바람을 바로 맞는 집에 살게 되면, 당연히 가족들의 건강과 운명에 큰 해가 닥칠 수 있다. 이것은 아주 높은 확률로 일어나는 작용이기 때문에 상당히 중요하다. 이 개념을 알고 있다 하더라도, 만약 내가 집을 지어야 하는 상황이라 할 땐 잘 적용하기가 쉽지 않다. 하지만, 이와 관련된 사례를 몇 번만 접하다 보면 골짜기 사이에 지어진 집을 보고 안타까운 마음이 들기 시작할 것이다. 주택의 경우에도 적용될 수 있고, 아파트 단지인 경우에도 마찬가지다.

얼마 전 출장지로 다녀온 상가의 사장님은, 몇 년 전 그 상가 건물을 위해 모든 것을 쏟아부었다. 하지만 상가의 운영을 시작하면서부터 큰 병을 얻게 됐고, 당연히 매출도 시원치 않았다. 더군다나 주변의 사람들도 영업에 큰 방해를 주어 여러모로 큰 어려움을 겪고 있었다. 잘 되기 위해서는 그곳을 하루빨리 떠나는 것뿐이라고 감정을 해드릴 수밖에 없었다. 경영의 어려움과

충북 출장 현장 사진 정확히 상가 건물 앞으로 골짜기 바람이 불어들어온다. 모든 것을 쏟아붓고자 결심하기 전에 인연이 되었더라면 하는 아쉬움이 남는 곳이었다.

사장님의 여러 가지 크고 작은 문제들은 주변의 지형에서부터 완벽히 분석해 들어갈 수 있었다. 만약 건물을 짓기 전에 조금만 지형에 대한 이해를 할 수 있었다면 그렇게 사업을 시작하여 인생의 낭비를 하지는 않았을 것이다.

산도 사람도 적당한 거리가 필요하다

사랑하는 사람과 항상 붙어 지내면 더없이 좋겠지만, 아무리 좋아도 적당한 거리는 항상 필요하다. 너무 좋아서 맨날 손을 잡고 산다면, 물리적으로도 손에 땀이 나고 피부병을 유발할 수 있다. 무엇이든 적당한 거리를 두고서 자주 마주하게 될 때 가장 완벽한 것이다. 산도 그렇다. 일반인들 입장에서는, 집을 돌아볼 때 유혹하는 중개인과 건설사들의 말에 쉽게 넘어갈 수 있다. 어떻게든 분양해야 하고 거래를 성사해야 하는 입장이기 때문에 충분히 이해한다. 하지만 집을 사야 하는 사람의 입장도 있는 것이다.

경기도 지역의 한 타운하우스가 처음 분양됐을 때, 타운하우스 뒤편에 자리한 큰 돌산을 보고 그 타운하우스의 랜드마크라는 식으로 홍보하는 것을 보았다. 풍수적으로 보았을 때, 그

경주 출장 사진 산을 깎았기 때문에 인접한 동은 나쁜 기운의 영향을 직접 받게 된다. 자연을 해한 대가는 반드시 사는 이에게 돌아가게 되어 있다.

렇게 된 돌산이 집 뒤에 있으면 흉한 사고가 잘 일어날 수 있다. 흉산의 형태를 띠고 있음에도 불구하고, 그것이 특별한 모양이라고 홍보하니 사람마다의 입장이라는 것이 참으로 천치 차이다. 그러니, 바로 뒤에 붙어있는 산이 흉하게 생겼거나, 산을 상당 부분 절개하여 만든 형태라면 반드시 피하도록 하자. 부지를 확보하기 위해서 산을 무리하게 깎아서 단지를 조성하곤 하는데, 그러한 아파트에 사는 사람들은 절대 발전적인 기운을 받을 수가 없다.

사주, 관상, 철학관과 함께 엮지 마세요

"사주풀이 15,000원 / 타로운세 셔플당 5,000원 / 풍수지리 300,000원"

개인적으로 힘든 일이 있거나 뭔가 하고자 하는 일이 잘 안 될 때는 사주나 타로 운세를 자주 보러 간다. 물론, 그것을 통해서 진정으로 미래를 알고자 하는 것보다는 일종의 심리적 위안을 얻고자 찾아가는 것이다. 길거리에 펼쳐진 자판이건, 도심 사이에 작게 들어서 있는 상가이건, 우리는 쉽게 사주풀이와 더불어서 풍수를 한다는 곳을 찾아볼 수 있다. 텔레비전에서 얼굴을 자주 비추는 관상 전문가, 혹은 사주 전문가들은 보통 풍수지리를 함께 곁들여서 직업의 영역을 확장하고는 하는데, 개인적으로는 좋은 모습으로 보이지는 않는다.

사주와 관상, 풍수지리 모두 동양철학을 바탕으로 하고 있음은 명확하다. 그것들의 가치가 지금은 땅에 떨어졌다고 해도 과언이 아니다. 그렇다 하더라도 풍수지리 만큼은 우리가 지켜나가야 할 중요한 가치를 담고 있는 학문이라 말하고 싶다. 사주를 통해서 풍수 상담을 하는 이들의 풍수 자문은 자연의 원리와 맞지 않을 확률이 매우 높다.

이렇게 생각하면 쉽게 와닿을 것이다. 사주와 관상은 한 개인에 대한 이야기이다. 연월일시 네 가지 기둥을 통해서 음양오행의 원리에 따라 그 사람이 어떠한 해에는 어떤 운을 받고 어떻게 살아가게 될지 알아보는 것이다. 혹자는 사주는 시간의 영역,

현명한 사람은 집을 사기 이전에 풍수를 먼저 확인해볼 것이다. 같은 라인이라 하더라도 각각의 집의 기운은 천지차이다. 그것을 구분해내는 것은 전문가의 몫이다.

풍수는 공간의 영역이라고도 한다. 그보다 정확한 표현은, 사주는 한 인간의 시간의 영역, 풍수는 시간과 공간과 더불어 인간을 포함한 영역이라고 하는 것이다.

한 번 가정해보자. 가정하기에 앞서 전제조건으로 한 인간은 사주와 풍수에 의한 영향을 백 퍼센트 다 받는다고 하자. 여기 한 남자가 있다. 29살의 끝자락에 삶이 순탄치 않아 지나가는 길에 사주풀이 하는 곳이 있어 들어가 보게 된다. 사주풀이 하시는 분의 말에 의하면, 이 남자가 30살이 됐을 때 건강이 크게 나빠질 것이라 한다. 사주로 보았을 때는 여기서 끝이다. 그저 술 조심하고 차 조심하라는 이야기에서 끝이 나거나, 여기에 더해서 부적을 써보라고 이야기를 들을 수도 있다. 만약 이 남자의 30살에 풍수의 개념이 들어간다면 어떻게 될까. 사주대로 남자는 30살에 건강이 악화될 것이다. 그렇다 하더라도 그냥 두고 볼 수는 없는 일. 남자는 풍수지리를 공부하기 시작했고, 집 안에 구조적인 문제는 없는지, 살고 있는 곳의 입지는 어떠한지 따져보았다. 노력한 덕분에 좋은 자리에 위치한 집을 새로 구할 수 있게 됐다. 그 집에 들어간 덕분인지는 몰라도, 서른 살에 건강과 관련하여 아무런 일도 일어나지 않았다. 가을에 가볍게 감기를 앓고 지나간 게 전부다.

위에 든 사례를 보면, 터의 작용을 알 수 있다. 설령 우리가 타고난 사주가 어떠하다 하더라도 좋은 터 위에 사는지, 아니면 나쁜 터 위에 사는지에 따라서 살면서 겪을 사건들에 대한 크기가 달라진다. 지금처럼 서른 살에 건강이 좋지 않을 것이라는 사주 진단과 더불어 사는 곳의 풍수적인 입지마저도 좋지 않았다면, 그 남자는 진정으로 큰 병을 앓게 될 확률이 매우 높았을 것이다.

이처럼 사주만을 믿고 살아가다 보면, 개인이 주체적으로 살아갈 수 있는 행동 범위가 좁아지게 된다. 이와는 반대로 풍수를 바탕으로 좋은 터를 중심으로 살아가려 하다 보면, 환경을 배려하는 마음과 내가 살아가는 삶에 대한 주체성, 그리고 모든 것들에 대한 겸손함을 함께 갖추어나갈 수 있는 것이다. 사주 공부하다가 풍수지리로 넘어오는 사람들은 고정된 틀을 벗어날 수가 없다. 사주와 풍수에 관심이 많은 일반인은 나와 맞는 집터가 어딘지 알고 싶어 하는 경우가 많다.

하지만 나에게 맞는 터가 아니라 내가 맞추어서 지낼 수 있는 터를 찾는 것이 맞는 것이다. 내 마음의 중심, 세상의 중심은 바로 나라는 마음으로 살아가야 한다. 그렇지만 그 중심된 마음이 오만함이 되어 다른 것들도 바꾸어갈 수 있을 것이라 생각한다면, 삶의 모진 시행착오들을 그대로 겪어나가게 되는 것이다.

이민 영화가 아닌 풍수 영화? 미나리

2021년, 한국의 나이 든 여배우 한 명을 전 세계에 알린 영화가 있었다. 바로 〈미나리〉다. 영화 속 장면에는 외국인인 '폴'이 나뭇가지를 꺾어서 수맥을 찾는 모습이 나온다.

풍수지리에 대해서 일반인들이 많이 생각하고 있는 것 중 하나가 수맥이다. 풍수는 믿지 않지만, 수맥의 존재를 믿는 사람은 많다. 개인적으로 그 차이가 무엇인지는 모르겠지만 말이다. 한국계 감독이지만 외국 자본을 바탕으로 한 영화에서 수맥을 찾는 장면이 나오는 것을 보면, 분명 외국인들도 수맥의 존재에

미나리를 소재로 한 <천성조 명품풍수> 채널의 유튜브 영상

대해서 인식하고 있다는 것이다. 실제로 수맥에 대한 연구는 서양에서부터 시작되었다. 수맥은, 지층에 흐르는 지하수라 표현하기도 하고 수맥파장이라 하기도 한다. 영화 속에서는 나뭇가지를 꺾어서 지하수를 찾아내고 있지만, 실제로는 엘로드라는 금속 막대를 이용하여 수맥을 탐지한다. 수맥의 존재와 수맥이 인체에 미치는 영향에 대해서는 유사과학, 즉 사이비로 인정을 하는 것이 보통이다.

과학이 모든 것을 찾아내지는 못한다. 과학으로 증명되지 않는다 하여 그 존재 자체를 무시할 수는 없는 일이다. 수맥이 강하게 작용하는 곳에서는 건물에 수직으로 금이 가기도 한다. 콘크리트 건물에도 금이 가는데, 사람에게는 얼마나 큰 작용을 미치겠는가. 수맥은 보통 관절과 관련된 질병, 불면증과 피로를 강

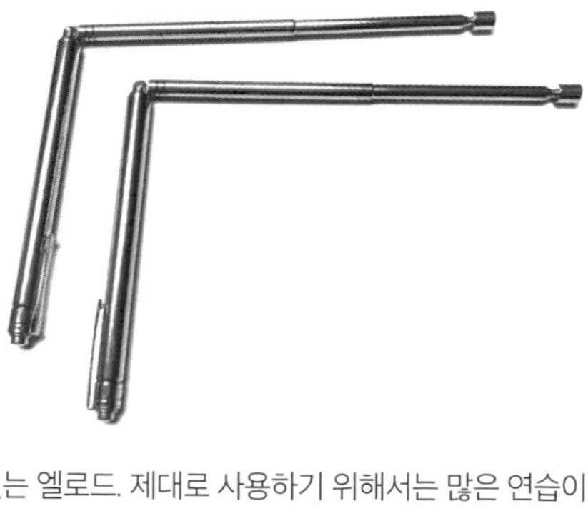

실제로 사용하고 있는 엘로드. 제대로 사용하기 위해서는 많은 연습이 필요하다.

하게 유발한다.

한국에 와서는 수맥을 탐지하는 것이, 풍수지리를 전문으로 하는 사람, 풍수지사, 혹은 미신을 업으로 하는 사람이 주로 하는 것이라 인식되는 경향이 강하다. 보통 사람들은 새집으로 이사 와서 잠이 잘 오지 않는 것을 느끼고는 수맥에 관심이 생겨서 엘로드를 구입하고, 혼자서 수맥을 찾아보기도 한다.

이 엘로드를 이용하여서 또 좋은 터를 찾아낼 수 있다는 가짜 풍수사들도 참으로 많다. 그러니, 사람들이 풍수지리를 업으로 하는 사람들을 업신여기고, 풍수지리 자체를 못 믿을 수밖에. '엘로드'라 불리는 수맥탐지기에 대해서 이야기를 조금 더 해보자면, 일반인들도 쉽게 구입하고 사용할 수는 있다. 하지만 정확히 측정하기 위해서는 오랜 연습 기간이 필요하다. 그리고 대부분 사람이 궁금증이 생겨서 구입은 하지만, 실제로 그것을 사용할 일은 거의 없다. 모든 공간을 기구로 측정하면서 다닐 수는 없지 않겠는가. 기구는 말 그대로 추후에 확인용으로만 사용될 뿐, 그것을 가지고 터를 잡는 것은 아니다. 기구를 사용하기 이전에 지형을 살필 줄 아는 것이 선행되어야 하는 것이다.

온천관광호텔을 소재로 한 <천성조 명품풍수> 유튜브 영상 내 모습 설계할 때부터 마스터님의 자문을 받아, 실제로 대박이 났다.

이쯤에서 마스터님의 이야기 하나를 곁들여볼까 하는데, 마스터님의 경우에는 오랜 경험으로 인해 지형적인 측면, 그리고 체감을 통해서 수맥의 파장을 느낄 수 있다. 실제로 대구에 있는 온천관광호텔은 처음 건축하기 이전부터 마스터님을 통해 자문받아 온천이 있는 위치를 찾아내었고, 풍수 자문을 통해서 건축된 곳이다.

기운이 있는 곳에는 수맥이 없다. 기운은 산을 통해서 흐르는데, 그래서 산을 제대로 본다면 좋은 자리를 찾을 수 있을 뿐만 아니라 수맥이 없는 곳에서 살 수 있는 것이다. 이 수맥은 산 사람에게도 큰 영향을 주지만, 특히 돌아가신 분들에게 큰 피해를 준다. 산 사람은 한자리에 계속 머무르는 것이 아니다. 설령 내가 자는 위치에 수맥이 있다 하더라도 아침에 눈을 뜨고 낮에는 밖에서 생활을 하기 때문에 영향을 비교적 덜 받는다. 하지만, 돌아가신 분들은 한자리에서 영원히 계셔야 하기 때문에 나쁜 터에 있을 때 영향을 바로 받게 되는 것이다.

아래 사진을 보자. 집 앞 실개천 사이에 난 잡풀이다. 같은 공간에 있음에도 불구하고 한쪽에서는 풀들이 무성하게 자라났고, 한쪽에서는 풀들이 전혀 자라나지 않았다. 잡초의 경우에는 수맥이 있는 곳에서 무성하게 잘 자라나는 편이다. 이런 자

실개천 속에서 오른편에만 풀이 무성하고 왼쪽으로는 풀이 잘 자라지 않는다. 풀이 무성하게 있는 곳이 수맥의 영향을 받는 곳임을 알 수 있다. 자연 속에 모든 증거가 숨어있는 것이다.

연의 흔적들에 대해서는 우리가 한 번도 생각한 적이 없기 때문에 못 알아볼 뿐, 항상 우리 옆에서 나름의 이야기를 하고 있는 것이 바로 자연이다.

영화를 통해 보았을 때, 물이 있는 공간이라면 그 어떤 나라이건 뿌리 내리고 빠르게 번져가는 것은 인간을 의미한다고 볼 수 있다. 미나리 씨앗이 땅속으로 뿌리를 내리는 순간, 낯선 공간은 어느새 우리의 터전이 된다. 우리가 살아가는 것도 마찬가지다. 항상 새로운 곳에 터를 잡는 것은 어색한 일이다. 좋든 싫든 간에 집을 계약하고 이불을 싸 들고 잠을 자고 밥을 지어 먹는 순간 그 어색한 공간은 나의 뿌리가 되고 내가 활동할 행동반경의 시작점이 된다. 유튜브 촬영을 위해 영화 〈미나리〉를 극장에서 여러 번 보았다. 풍수지리로 세상을 바라보는 것이 습관이 되어서 그런지, 영화 미나리는 아무리 보아도 풍수지리 영화로 보인다. 그리고 그 속에서 배워야 할 것은, 척박한 아메리카 대륙을 개척하는 동양인이 아닌, 낯선 공간을 푸르게 만들어갈 수 있는 인간이라는 존재의 가치였다.

500년 동안 잘 된 집이 있을까

그렇게 명당명당하는데, 과연 진짜 명당에 살고 있는 사람이 있을까? 그리고 명당에 살면 어떻게 될까? 진정으로 후손들이 잘살아가게 될까? 그렇다. 우리 주변에 남겨진 선조들의 사

옻골 마을 앞 마스터님 마을 입구에는 마을을 지키기 위해 심어놓은 큰 보호수가 있다. 자연에 의지하면서도 자연을 활용하는 선조들의 지혜가 엿보이는 곳이다.

례들만 보아도 쉽게 확인할 수 있다. 이 책은 양택(살아있는 사람이 머무는 공간)을 주로 하고 있으니, 양택과 관련된 사례들을 소개하면서 이야기해보려 한다.

대구 동구에 위치한 옻골마을이 그 첫 번째 사례이다. 옻골마을은 1600년대에 조선 중기의 대학자인 최동집 선생께서 처음 마을에 정착하여 최 씨 집성촌이 된 곳이다. 마을에 들어가보면 입구에서부터 큰 나무가 동네 입구를 지키고 있으며, 한 사람의 정착으로 인해 지금까지도 그 후손들이 대를 이어서 종갓집을 지켜나가고 있다.

마을 전체의 입지적으로 봤을 때, 거북이의 형세를 하고 있는 봉우리가 마을 전체를 지키고 있다. 마을 전체가 주변 지형에 의해서 포근하게 안겨있는 모양을 하고 있어 누가 보아도 아늑함을 느끼기에 충분한 곳이다. 주변의 바람은 막혀서 들어오지 못하고 좋은 기운은 마을에 가득하게 된다. 앞에서 설명한 배산임수의 전형적인 형상을 하고 있다. 그리고 문화해설사의 말에 따르면, 지금도 최씨 문중의 후손들은 일정 나이가 지나면 연금을 받는다고 한다.

500년 전에 조상님 한 분의 집터가 좋은 덕분에, 후손들은 지금까지도 연금을 받으면서 살 수 있다는 것이, 그 얼마나 큰 복일까. 그 집안에 태어나는 것만으로도 연금복권에 당첨되는 것과 같은 것이다. 지금도 공무원 시험에 몰두하고 있는 2030세대의 입장에서 봤을 때 옻골마을에 거주하고 있는 경주 최씨 집성촌은 최고의 부러움의 대상일 수 있다.

한 곳을 더 이야기하자면, 대구 달성군에 있는 육신사가 있다. 어쩌다 보니 모두 대구에 위치한 곳인데, 개인적으로 고향이 대구이기도 하고 가까이 있는 곳을 소개하려다 보니 그렇게 된 것이다. 특정한 지역에 대한 개인적인 감정을 담은 것은 아니다. 육신사는 조선 세조 때 단종의 복위를 꾀한 여섯 신하에 대한 제사를 지내는 사당이다. 그 사당의 위치가 너무나도 좋고 거기에 더해서 본인들의 조상이 아닌 다른 집안의 조상들까지도 제사 지낸 덕분인지, 그 후손들이 지금까지도 잘살고 있다고 한다. 그리고 육신사 터 앞에서 나고 자란 한 사람은 국회의원을 9번이나 지냈다고 하니, 여러모로 명당 터임이 입증된다. 전국적으로도 이러한 사례들은 많다.

"산이 사람을 멀리한 것이 아니라 사람이 산을 멀리한 것이다."

영화 <아라한 장풍 대작전>에서, 마지막에 악당이 죽으면서 남긴 대사다. 지구의 측면에서 보았을 때, 인간은 100년을 살다가는 짧은 존재에 불과하다. 오래 존재한 것이 모든 것을 결정지을 수는 없지만, 우리가 생각하는 것들이 전부가 아니라는 측면에서 말하려는 것이다.

만약 위에서 말했던 사례들이 진정으로 좋은 터의 영향으로 자손들이 잘될 수 있었고, 그 좋은 운이 500년 동안 이어질 수 있다면 우리가 지금 생각하는 어떠한 것들보다 귀중하고 값진 것이 아닐까. 좋은 터에 산다는 것은 단순히 부자가 되는 것만을 의미하는 것이 아니다. 좋은 기운은 좋은 생각을 만들어내고 좋은 사람을 만들어낸다. 그로 인해서 한 개인의 삶이 잘 풀리게

육신사 영상 육신사에 가면 포근하게 산이 감싸주는 것을 쉽게 느낄 수 있다.

됐을 때 주변에도 좋은 영향을 미치게 되는 것이다.

우리들 대부분은 아파트에 살고 있고, 특히 2030의 90퍼센트 이상은 아파트에서 나고 자란 세대 들이다. 한곳에서 오래 머무른다고 하더라도 20~30년 이상을 머무르기가 어려운 것이 지금의 현실이다. 그러니 최동집 선생처럼 외딴곳으로 들어가 마을을 꾸릴 수도 없는 일이다. 현실적으로 어렵다고 하더라도 그러한 사례가 있다는 것을, 그만큼 좋은 터의 영향이 한 가문과 한 마을을 이루고 500년 이상 이어질 수 있다는 것에 대해서 한 번쯤 생각해보는 건 의미 있는 일이다.

혹자들은 터의 기운은 해마다 달라지고, 사는 사람에게 매년 다른 영향을 준다고 한다. 그리하여 30평대의 아파트에 몇 년을 머무른다 하더라도 매년 운이 들어오는 방향이 다르니, 집 안에서도 이동하는 것이 좋다고 한다. 이러한 원리는 사주풀이에 바탕하여 개인의 운세를 너무나 중시한 결과로 나타나는 것들이다. 오래전 풍수의 원리 속에 그러한 이치는 없다. 자연의 이치는 상식에 가까운 것들이 대부분이다.

자연은 사람을 우선하여 존재하고 있는 생명체이다. 개인의 운에 따라서 터의 영향이 달라지는 것이 아니라, 그 개인이 어떠한 곳에 존재하느냐에 따라서 개인의 운이 변해가는 것이다. 물론, 타고난 천성과 팔자가 완전히 달라질 수는 없다. 그렇다 하더라도 그 어떠한 것보다 큰 변화를 꾀할 수 있는 것이 바로 터의 영향인 것이다.

집을 깨끗하게 하면 생기는 일들

풍수 인테리어와 관련된 컨텐츠를 보다 보면, 공통으로 하는 말들 중 하나가 집을 깨끗하게 하라는 것이다. 그런 말은 누구나 하겠다 싶은 생각이 들 때도 있다. 하지만 우리가 집을 청소하는 의미는 단순히 지저분한 것을 정리하라는 것을 떠나서, 집안에 나쁜 기운이 쌓이지 않도록 하여 좋은 기운이 가득할 수 있도록 하는 것을 의미한다. 공포영화를 보면, 어둡고 음습한 곳에서 귀신이 나타나는 경우가 많다. 밝은 곳에 살고 있는 귀신은 별로 없다. 현실적으로는 깨끗한 장소, 심적으로는 긍정적인 마음에 좋은 운이 쌓이기 쉽고 행운이 찾아온다.

풀 한 포기에도 고유한 기운이 존재하는 것처럼, 우리가 사는 집과 아파트도 단순히 콘크리트 덩어리를 넘어 각각의 고유한 기운이 존재한다. 개별적인 집의 기운이 사는 사람과도 어울려야 그 집에 들어가서도 좋은 일이 연이어 일어나고, 그 집을 통해서 더욱 발전할 수 있는 것이다. 그런 의미에서 청소는 내가 사는 집에 대한 배려이자 사랑의 표현이다. 누구나 사랑하는 이의 얼굴을 보면 만지고 싶고 계속해서 머리를 쓰다듬고 싶은 생각이 든다. 누군가를 사랑해본 이라면 공감할 것이다. 깨끗하게 해주고 싶을 뿐만 아니라 좋은 것만 해주고 싶다. 그렇게 했을 때, 상대방으로부터도 좋은 마음과 감정이 돌아올 수밖에 없다. 집도 그렇게 어루만져주어야 한다. 작은 티슈 한 장이라도 꺼내어 들고 사랑하는 이의 얼굴을 닦아주는 것처럼, 방바닥을 닦아주고 현관 바닥을 어루만져 준다면 좋은 운이 쌓일수 밖에 없다.

대전 출장 현장 20년이 넘게 거주하였음에도 너무나 깨끗하게 잘 관리하고 계셨다. 집은 깨끗하게 관리하는 집주인을 좋아하게 되어있다.

그러한 것을 증명하는 한 사례가 있어서 소개하려 한다. 대전에 있는 한 아파트에 출장을 다녀왔을 때 일이다. 그 아파트는 여러모로 구조가 좋지 않은 집이었다. 그 집의 가장, 아버지의 건강과 아버지의 운에 좋지 않은 구조로 되어 있었다. 그 집의 안방에 오래도록 머무르게 됐을 때, 아버지의 건강에 큰 해가 오는 집이었다. 하지만 아버지는 상당히 건강한 상태였다. 가족이 그 집에서 머무른 지 20년이 넘었고, 환갑이 다 되어가는 아버지는 그 누구보다 건강했다. 그 집의 사정이 어떠한지 가족의 이야기를 들어보니 참으로 신기하다 싶었다. 평소 아버지는 아주 청결한 성격이라 하셨다. 집안일은 주로 어머님보다 아버지가 맡아서 하셨고, 항상 새벽 일찍 일어나 출퇴근하기 이전에 집을 깨끗하게 청소해 놓는다고 하셨다. 같이 살고 있는 큰딸에게도 늘 방을 깨끗이 하라고 하셨기 때문에, 아빠의 잔소리가 심하다고 몰래 이야기하기도 했다. 실제 현장을 보았을 때도 20년 동안 살아온 집치고는 너무나 상태가 좋았다. 디자인이 오래되었다 뿐이지 여러모로 새집 같았다. 그렇게 집에 공을 들이고, 집에 대한 애정 덕분이었을지 모른다. 아버지는 언젠가부터 안방에서 어머님과 같이 주무시지 않고 거실에서 잠을 자게 되었다고 하셨다. 안방에서 머무르게 되었다면 분명 그사이에 건강상 큰 문제가 일어날 확률이 높았을 것이다. 다행히 나쁜 운은 피해 간 것이다. 거기에 더해서 아버지가 머무른 거실의 경우에는 땅에서 기운이 올라오는 위치 중 하나였다. 내가 사는 집 한 공간에도 좋은 기운이 나오는 곳, 나쁜 기운이 나오는 곳이 나누어져 있다. 아버지는 운이 좋게도 나쁜 곳을 피해서 좋은 자리에서 오랜 시간을 보내온 것이다.

공간에는 분명 고유의 기운이 존재한다. 집을 하나의 개별적인 존재로 봤을 때, 집을 아껴주는 집 주인의 건강을 보살핀 '집'의 배려가 아니었을까. 이 사례를 보고, 그저 깨끗하게 살면 되겠다고 끝이 나서는 안 된다. 이것은 아주 특별한 경우를 예로 들었을 뿐, 우리들 대부분은 이렇게 깨끗하게 지내기도 힘들 뿐더러, 나쁜 것을 운이 좋게 피해 가기는 어려운 것이다. 청결은 어느 곳에서 살든 당연히 염두에 두어야 할 것이다. 가장 중요한 것은 터와 구조를 잘 살펴서 거처를 정하는 것이다. 그 이후에는 집주인의 각별한 애정과 노력이 운에 큰 작용을 한다는 것을 강조하고 싶다.

말이 달라도 너무 다르다 - 엉터리 풍수지사의 유형

"그분은 다르게 이야기하시던데요?"

상담 전화를 받다 보면 쉽게 들을 수 있는 말 중 하나이다. 풍수에 관심이 많은 사람은, 여러 풍수 전문가를 찾아서 자신들의 집을 보여보곤 한다. 그리고 집을 찾을 때, 묘와 관련하여서도 항상 함께 자문을 구한다. 묘도 그렇지만 집도 마찬가지다. 많은 사람의 전문가가 말이 너무 다르다. 소금단지 하나만 놓고 보아도, 누구는 소금단지를 어느 방향에 어떤 색깔로 놓아야 한다고 하면서 1시간을 이야기하고, 누구는 소금단지가 일제시대 때 들여온 잘못된 풍습이라 이야기한다. 유튜브로 인해 많은 사람이 풍수지리와 관련된 지식을 쉽게 접할 수 있지만, 반대로 너무나 많은 정보가 혼재되어 있는 것도 사실이다.

독자의 입장에서 보았을 때, 나의 생각이 너무나 배타적이라는 생각이 들 수 있다. 처음 풍수지리를 공부하면서, 시중에 흩어져 있는 수많은 풍수지리 지식을 들여다보고 그중에서 상식에서 부합한 정도, 그리고 자연의 원리에 입각하여 올바르게 설명될 수 있는 것들, 그게 아니면 경험적인 데이터가 존재하는 것들만 추려서 정보를 전달해야겠다 마음먹었다. 그리하여 풍수 큐레이터라는 업종을 스스로 만든 것이다. 물론 나의 생각이 다 맞다고 할 수는 없다. 하지만, 내가 말하는 풍수지리 지식 한 자락이 누군가의 삶을 바꿀 수 있다는 사명감을 가지고 공부해 나가고 있음은 자부할 수 있다.

풍수를 제대로 공부하지 못하고 사람들에게 올바른 지식을 전달하지 못하는 풍수지사를 일컬어, '얼풍수' 혹은 '반풍수'라고 한다. 아래에서 유형짓는 얼풍수 들의 유형은 여러분들이 앞으로 풍수전문가를 선택할 때 큰 도움이 될 것이다. 전문적인 영역은 전문가에게 맡기는 것이 옳다.

하지만 그 전문가라고 하더라도 모두 맞는 것이 아니고 생각과 방식이 다르다. 정해져 있는 법률마저도 해석하는 것이 다르기 때문에 여러 변호사를 알아보고 송사를 진행하는 것과 같다.

어설픈 지식으로 누군가의 삶을 망하게 할 수도 있겠다는 대표적인 유형만을 언급해보겠다.

도사형

도사형으로 분류되는 얼풍수들은 우리가 흔히 머릿속에서 그려질 수 있는 유형이다. 보통 개량한복을 입고 있거나 수염을 기른 외양을 하고 있다. 도사형의 경우, 종교 집단의 형태로 발전되어 있기도 한다. 특정 이름을 거론할 수는 없지만, 풍수지리를 검색해보면 몇몇 사람이 쉽게 검색되는 것을 확인할 수 있다. 도선국사, 무학대사 등도 그렇고 예전에는 진정으로 도를 깨우치고 혜안으로 자연을 보는 분들이 많았다. 하지만 지금은 자연도 많이 오염되었고, 맑은 마음을 가진 분들이 없는 것 같다. 이런 도사형의 대표적인 특징은, 원인과 결과가 없다는 것이다. 외양과 더불어서 가지고 있는 위엄(?)을 바탕으로 자리를 정해주니, 명확한 대답을 듣기가 어렵다. 이런 유형에 속는 사람들이 있을까라는 의문을 가질 수도 있지만, 생각보다 많다. 특히 삶이 힘들어서 마음이 약해진 분들은 쉽게 유혹에 넘어가서 터뿐만 아니라 생활 전반이 꼬일 수 있으니 주의해야 한다.

과학형

과학형의 얼풍수들은 기구를 이용한다. 일반적으로 사용하는 엘로드(수맥탐지기)와 지기탐지기를 이용하여 자리를 잡기도 한다. 앞에서 한 번 언급한 바가 있지만, 엘로드와 지기탐지기는 측정을 위한 도구다. 이 측정용 도구를 가지고 온 사방을 걸어 다닐 수는 없지 않겠는가. 이 기구들을 가지고 터를 잡고, 명당을 만들어낸다고 하는 사람들도 있다. 해당 영상을 보고 있으면 기가 찬다. 이러한 기구들의 올바른 사용법은, 우선 전문적인 안목을 통해서 좋은 자리와 구조를 파악한 후에 사람들에게 보여주기 위해서 혹은 애매한 부분을 확인할 때만 사용하는 것이다. 실제 현장을 수없이 반복하고 공부하다 보면, 다른 사람들보다 조금 더 예민하게 터에 대한 감이 생긴다. 그것이 개인마다 차이도 있고 감정이 섞여 객관적으로 판단하기 어려울 때만 기구를 통해서 확인하는 것이다. 엘로드와 지기탐지기에서 한 발 더 나아가 더 큰 기계들을 이용하는 경우도 있는데, 더 언급할 필요 없이 믿고 거르면 된다.

사주형

대부분의 얼풍수들이 이 유형에 해당한다고 보면 된다. 풍수지리와 관련된 대형 유튜버들 대부분이 사주형에 해당한다. 사주풀이나 관상을 주 업으로 삼고 지내다 보니, 자연스레 풍수지리에 대한 서적을 접하게 되고 사주풀이를 바탕으로 하여, 풍수 진단을 하는 사람들이다. 사주를 곁들여서 풍수 진단을 하기 때문에 듣는 이들은 더 쉽게 와닿는다고 느낀다. 그리고 매 시간마다 일진을 나눌 만큼 사주를 통해서 운세를 세분화시킬 수 있기 때문에, 더 자세하게 설명해주는 것 같아서 강한 신빙성을 느낄 수 있다. 그렇지만 자연과 주변 환경을 터가 아니라 사람을 중심으로 판단하니 무조건 오류가 나는 것이다. 실제로 고객 중 대부분이 이런 사람들을 통해서 자문받은 이후에 나에게 연락하게 된다. 현장에 가보지도 않고 사주만으로 혹은 주소만으로 감정을 하기도 하니, 적은 비용으로 간단하게 자문을 받은 것 같아서 좋아하지만, 차라리 안 하느니만 못한 결과를 얻게 되는 것이다. 풍수를 공부함에 있어서 사주에 대해서는 전혀 몰라도 된다고 할 만큼 큰 상관성이 없다는 것을 명심했으면 한다.

이론형

앞에 나온 세 가지 유형보다는 발전되었고 정확도는 상당히 올라간 분들이다. 각 대학의 평생교육원에서 쉽게 접할 수 있는 유형이다. 풍수지리를 오랫동안 공부하고 책도 많이 보았으며 해박한 지식을 자랑한다. 하지만 현재 우리나라의 99퍼센트가 중국의 풍수 이론서를 바탕으로 공부하고 현장에 적용하고 있기 때문에 잘못된 감정을 하는 경우가 발생한다. 한국은 우리나라 고유의 기운이 응결되어 있고, 중국의 풍토와는 차이가 있다. 그러함에도 불구하고 해석도 되지 않는 중국 서적이 최고의 경전인 것처럼 공부하고, 그것을 몇 년 동안 탐독하여 우리나라의 환경에 적용한다. 상식적으로 생각해도 틀릴 수밖에 없는 것이다. 이탈리아 정통의 파스타를 만드는 레시피로 한국식 잔치국수를 만드는 것과 같은 격이다.

박사형

박사형의 사람들은 얼풍수라고 하는 것은 맞지 않다. 이론형보다 훨씬 발전된 형태로서, 박사학위를 취득하여 풍수 전문가로 활동하고 있는 사람들이다. 박사학위의 형태는 다양하다. 풍수지리가 환경, 건축, 도시생태, 부동산과 관련지을 수 있기 때문에 관련 분야에서 풍수를 접목하여 박사학위를 받는 경우다. 어떤 경우에는, 풍수로는 박사학위를 받지 않았음에도 불구하고 박사를 전면으로 내세워 활동하기도 한다. 박사형 전문가들은 이미 높은 학력을 가지고 있기 때문에 외부에서 봤을 때, 큰 거부감 없이 그들이 말하는 내용과 지식을 쉽게 받아들인다. 실제로도 뛰어난 학문을 통해서 쉽게 풍수지리를 배울 수 있도록 훌륭한 강의를 하시는 분들도 많다. 그렇다 하더라도 이 분들의 맹점은 현장에 대한 경험이 부족하다는 것이다. 학문 연구를 위한 답사가 아니라 누군가를 위해서 터를 잡아주는 횟수가 절대적으로 부족한 경우가 많다. 풍수 공부를 한 사람 누구라면 다 알만한 유명한 모 교수는, 한 지역에 강의하러 갔다가 현장과 관련된 잘못된 지식을 전파하여 쫓겨난 일화도 있다. 그만큼 풍수지리는 학력이 아니라 자연을 몇 번을 접해보았고, 얼마나 많은 경험을 했는지가 가장 큰 판단의 척도인 것이다.

위성지도로는 풍수감정을 할 수 없는 이유

"주소 보내드릴 테니까, 터가 어떤지 좀 봐주세요."

대뜸 이렇게 문의하는 경우가 많다. 요즘 위성지도가 너무나 잘 되어 있다 보니, 직접 가보지 않고도 현장이 어떠한지 알 수 있다고 생각을 하는 것이다. 이런 부분을 악용한 컨텐츠와 사례

한 아파트의 위성지도 모습이다. 실제 현장은 훨씬 경사진 곳이지만 지도로는 경사를 정확히 확인할 수 없다. 지도는 위치를 확인하기 위한 도구일뿐, 풍수를 알아볼 때 절대 사용하여서는 안 된다.

들도 있다. 유튜브에서 검색해 보면, 심심치 않게 '주소를 통해서 내 집터 알아보는 법'이라는 영상들이 나온다. 영상 조회수가 몇만을 훌쩍 넘어간다. 그만큼 많이들 찾아보고 궁금해한다는 것이다. 결론부터 말하자면, 주소나 위성지도로는 절대 터가 어떠한지를 알 수가 없다. 부동산 임장과 비교하여 생각해 본다면 쉽게 이해할 수 있다. 부동산 투자를 위해 실제 현장을 다녀보고 파악하는 것을 임장 활동이라 한다. 투자를 하는 사람들도, 위성지도 보다는 직접 현장을 걸어보고 어떤 사람들이 그 동네에 사는지, 동네의 분위기는 어떠한지를 느껴보아야 한다고 말한다. 사람들도 그 말에 공감한다. 풍수도 마찬가지다. 풍수지리는 막연하고 미신에 가까운 것이라 생각하다 보니, 당연하고 상식적인 생각을 접목하지 못하는 것이다.

우선 주소를 가지고 터를 판단할 수 있다고 하는 사람들은 대부분 점술을 업으로 하시는 분들이다. 숫자와 개인의 띠를 연관 지어서 설명하는데, 이것이야말로 미신의 영역이니 길게 이야기할 필요도 없다. 위성지도를 통해서 터를 파악할 수 없다는 내용과 관련하여 영상을 두 번이나 업로드하였다. 해당 영상에 댓글 중 하나는, 지도를 통해서도 충분히 기가 흐르는 맥을 알

위에서 위성지도의 현장을 직접 찍은 사진이다. 직접 현장 사진을 찍어서 본다고 하더라도 현장감과는 차이가 크다. 땅은 직접 밟아보는 방법 밖에는 없다.

수 있으니 공부를 좀 더 하라는 내용도 있었다. 당연히 그 댓글은 삭제했다. 위에서 언급한 엉터리 풍수지사의 유형 중 이론형이나 박사형들이 주로 이러한 사람들이다. 지도를 보면 산의 밀도와 고도를 모두 파악할 수 있기 때문에 이를 바탕으로 하여 기가 흐르는 선을 표시해볼 수 있다는 것이다.

풍수를 업으로 하는 사람들마저도 이렇게 생각하는 이들이 대부분이니, 멋있게 3D 화면을 통해서 감정을 받으면 일반인들은 속아 넘어갈 수밖에 없는 것이다. 풍수를 판단함에 있어서 가장 중요한 배산임수와 전저후고, 전착후관은 내가 살고자 하는 집, 그 위치에 가서 그 위치를 중심으로 놓고 주변을 파악해야 한다. 지도로 터를 판단할 수 있다고 하는 사람들 모두가 이와는 반대로 생각을 하는 것이다. 주변을 먼저 보고 나를 보니, 오차가 발생하는 것이다. 아파트 단지를 예로 들어보자.

아파트 단지 한 곳을 돌아본다고 할 때, 평평한 단지라고 하더라도 동마다 미세한 높낮이가 있다. 그 높낮이에 따라서 땅의 기운이 응결되는 곳과 아닌 곳이 차이가 나게 된다. 위성지도가 아무리 현장감을 담았다고 하나 이러한 땅의 높낮이를 판단하기에는 어려움이 있다. 실제로 현장을 밟아보면 쉽게 파악할 수 있는 것들이지만, 사진으로는 쉽게 놓칠 수가 있는 것이다. 임장을 통해서 해당 지역의 분위기를 파악하는 것처럼 땅의 기운도 직접 땅을 밟아보지 않는 이상 지도로는 절대 파악할 수가 없다. 수맥도 같은 이치다.

풍수적으로 보았을 때, 땅은 생토와 사토로 구분된다. 생토는 생기가 흐르는 땅으로서 사람에게 좋은 기운을 전해준다. 사토는 기가 없고 푸석푸석한 땅이다. 집을 짓는다고 할 때는 기가 흐르는 생토 위에 집을 지어야 한다. 생토의 경우에는, 땅을 밟아보면 아주 단단하다. 마치 포장한 땅처럼 잘 다져진 느낌을 받을 수 있다. 사토는 토질이 푸석푸석하고 밟으면 발이 쑥

사진에서 보면, 왼쪽과 오른쪽의 흙색이 다른 것을 확인할 수 있다. 같은 필지 위의 땅이라 하더라도 한 발자국만 건너면 토질이 달라진다.

들어간다. 물론 도심은 다 포장이 되어버려서 이를 확인할 길이 없지만, 아스팔트와 콘크리트 아래에는 이런 명확한 구분을 가진 토양이 존재하고 그 속에서 기운의 차이가 만들어지고 있다. 참고 사진을 보면 쭉 이어진 토지임에도 불구하고 흙의 색이 다른 것을 확인할 수 있다. 실제 현장에서는 한쪽은 황토방에서 볼 수 있는 붉은 빛을 도는 흙이고, 비가 오지 않았음에도 흙이 쫀쫀하다. 그 옆의 흙은 연한 커피색으로 발이 푹푹 빠지는 곳이다. 한 필지 안에서도 이렇게 차이가 날 수가 있는 것이다. 안 그래도 모든 땅이 개발되어 이러한 흙의 구분도 못 하는 상황에서 현장마저도 밟지 않고 지도로 보려고 하니 더욱더 안타까울 따름이다.

물론 지도만을 통해서 확인할 수 있는 것도 있다. 건물이 놓인 좌향, 즉 어떤 향으로 아파트가 배치되어 있는지 확인할 수 있는 것. 이 정도인 것이다. 워낙 지도로 터라든지 집의 길흉을 파악하고자 하는 사람들이 많아서 고민하던 중, 아파트와 같이 구조도가 나와 있는 경우에는 집 구조를 분석해드리고 있다. 주소를 통해서 지도를 보고 좌향을 확인한 후 구조도를 통해서 집 안의 구조의 길흉을 파악하는 것이다. 머찌동컴퍼니를 통해서 현재 집 구조진단 서비스를 진행하고 있다. 집 구조 진단을 통해서 지형에 대한 감정을 할 수는 없지만, 구조는 정확히 확인하여 집 구조가 풍수적으로 어떠한지 방의 배치나 풍수 인테리어는 잘 되어있는지 확인을 할 수 있기 때문이다. 아무리 집터가 좋아도 구조가 좋지 않으면 바로 해를 입을 수도 있고, 자녀의 갑작스러운 방황이나 부부관계의 문제도 구조로 인한 경우가 많기 때문에 구조만 제대로 알아도 몰랐을 때보다 훨씬 나은 삶을 살 수 있게 되는 것이다.

지금의 과학기술은, 인간이 상상하고 있던 거의 모든 것들을 실현해내고 있다. 1993년도에 나온 영화 〈데몰리션맨〉에

보면, 93년도를 기준으로 2023년을 예측한 모습이 영화 속에서 펼쳐진다. 그리고 이 책이 나온 2022년을 기준으로 보았을 때, 영화에서 나온 미래 세상보다 더 많은 과학적 진보가 이루어졌다. 과거의 사람들이 생각하던 것보다 훨씬 더 빠르게 기술이 발달하고 있다는 증거다. 어색하던 키오스크와 로봇은 더 이상 어색하지 않은 존재가 되었고, 사람들은 빠르게 기술로서 대체되고 있다. 하지만 아무리 기술이 발달한다고 하더라도, 본질적인 가치를 대체할 수는 없다. 앞으로 미래가 어떻게 흘러갈지는 모르겠지만, 기술의 발전이 곧 인류의 밝은 미래를 보장하는 것은 아니다. 기술의 발달로 얻게 될 인류의 미래 모습이 '이티'의 형태일지도 모른다. 배 나온 외계인의 형태가 인류의 미래가 되지 않으려면, 어느 정도는 걷고 직접 행하는 것을 잊어서는 안 될 것이다.

자격증 시대, 풍수도 자격증처럼 공부하면 될까

"정년 퇴임 후 제2의 직업"

"고수익, 고소득 보장, 존경받는 직업"

이러한 타이틀을 걸고 풍수지리 교육을 홍보하는 곳들이 많다. 실제로 많은 사람이 정년을 앞두고 풍수지리를 공부하고 이것을 또 업으로 삼는 경우도 있다. 풍수지리와 관련된 책을 내신 분들의 약력을 보면, 취미로 오랫동안 공부해 온 내용을 책으로 엮어낸 분들도 있다. 고위직 공무원이나 전문직으로 활동하다가 평소에 조예가 깊었던 풍수지리를 가지고 정년 이후 제2의 인생을 살아가는 것이다. 이와 더불어서 풍수와 관련된 자격증도 쉽게 찾아볼 수 있다. 나도 어떠한 내용을 가르치는지 궁금하여 수강해보기도 했다.

반복해서 이야기하지만, 풍수지리 지식 한 자락이 한 사람의 운명을 결정짓기도 한다. 이러한 내용을 평소 취미생활로 오랫동안 책으로 공부해오고 민간자격증을 취득하였다고 해서, 전문적인 업으로 삼아 활동한다는 것은 정말로 큰일 날 일이다. 1장에서 평생을 풍수지사를 업으로 삼아온 마스터님의 이야기를 했다. 보이지 않는 것들, 다소 허황되어 보일 수도 있는 이야기를 이렇게 당당하게 할 수 있는 이유는, 풍수를 업으로 살아오신 마스터님의 가르침과 그러한 가정 환경 속에서 내가 살아왔기 때문이다. 그리고 글자로는 표현할 수 없는 속사정들과 고통도 참으로 많았다.

직업적인 사명감을 가지고 나의 천명이라 생각하며, 바르게 풍수지리를 알려주고 이것을 바탕으로 현장에서 자문해도 모자라다. 그런데 다른 여타의 자격증처럼 쉽게 공부해서 쉽게 활동을 한다는 것이 참으로 무서운 일이라는 것을 나는 안다. 모르는 일반인들은 그렇다고 쳐도, 풍수지리를 평생의 업으로 살아온 이들이 위에서 말한 내용으로 사람들에게 홍보하고 풍수지사가 되는 것을 권장한다는 것은 있을 수가 없는 일이다.

나 역시 풍수 인테리어와 아파트 풍수지리 강의, 그리고 이렇게 책까지 쓰고 있지만 이것은 어디까지나 모든 사람이 제대로 된 풍수지리 지식을 알고 잘못된 풍수지사를 만나서 피해를 입지 않았으면 하는 것을 전제로 활동하는 것이다. 내가 풍수지리를 교육하고자 하는 그 취지는 절대 변함이 없을 것이다. 올바른 풍수지리 교육을 전할 수 있는 교육자는 필요할지 모르나, 다른 사람의 인생이 걸린 풍수 컨설팅을 하는 풍수지사를 양성하는 일은 최소한이 되어야 한다.

풍수지사를 업으로 삼고 싶다고, 제대로 알려달라고 문의가 오는 사람들도 있다. 요즘 이런 표현을 많이들 하지 않던가. 단군 이래 가장 돈 벌기 쉬운 세상이라고. 미디어와 개인 SNS의 영역이 확장됨에 따라서 개인이 돈을 벌 수 있는 수단들이 점점 늘어나고 있다. 이를 통해서 이미 많은 부를 이룬 사람들도 많다. 젊은 사람들뿐만 아니라 정년을 앞둔 경우에도 마찬가지다. 굳이 어설픈 지식을 뽐내며 왜 다른 사람의 인생을 망치려 하는가. 그리고 그렇게 폼이 나는 직업도 아닌데 말이다.

내가 처음 마스터님과 함께 출장을 간 것은, 묫자리 감정이었다. 한평생 고생하며 살아오신 모습을 직접 눈으로 보고, 조금이나마 수고스러움을 덜어드릴 수 있다는 점에서는 너무나 좋았다. 그리고 한 사람의 인생과 한 가문의 명운을 결정짓고 더 나은 삶으로 나아갈 수 있도록 한다는 점에 있어서 스스로도 뿌듯함을 가졌다. 그렇지만 한편으로는 외부로부터 보이는 시선들에 신경이 쓰이는 것도 사실이었다. 번듯한 '사'자가 될 기회를 버리고, 죽은 자의 무덤을 보러 다닌다는 것이 기이할 수도 있으니.

풍수지사를 업으로 삼고자 할 때, 바른 가르침이 있어야 하고, 수많은 현장 답사, 실제로 출장 가서 감정하는 사례들이 있어야 한다. 그와 더불어서 한 가문을 망하게 할 수도 있다는 경각심과 나의 삶과 행동을 바르게 해나가려는 조심성도 갖추어야 하는 것이다. 몇 년 되지도 않는 경력으로 입만 살았다고 해도 상관없다.

본격적으로 공부하고 업으로 삼은 것은 몇 년 되지 않지만, 60년 이상 풍수를 업으로 삼고 우리나라에서 1인자가 된 이를 가장 옆에서 지켜보고, 그로부터 200년의 전통을 전수받는 입장에서 그 정도의 당당함과 포부는 가지고 있다. 그러니, 부디 여러분들도 다시 한번 생각해보셨으면 한다. 풍수지사를 업으로 한다는 것은, 결코 좋은 선택이 아니다. 풍수지리를 공부하고자 한다면, 수많은 명소를 직접 찾아보고 느껴보길 바란다. 그렇게 10곳 이상만 다녀보더라도, 좋은 터가 가지고 있는 분위기를 바로 알 수 있게 된다.

루이비통과 풍수지리

루이비통이 풍수지리 디자이너와의 콜라보로 제품을 만들어냈다는 이야기는 아마 이 책을 통해서 처음 접했을 것이다. 2020년 루이비통은 홍콩의 젊은 풍수 디자이너 티에리 초우와 협업하여 오브제를 내놓았다. 물론, 우리나라보다 더 보편적이

출처 - 유튜브 직접 디자인한 루이비통 오브제를 소개하고 있는 홍콩의 젊은 풍수디자이너 Thierry Chow

고 대중적으로 풍수지리가 알려진 나라이기 때문에 그런 국가적인 풍토가 반영된 것 같다. 그렇다 하더라도 세계적인 명품 브랜드가 풍수지리를, 그것도 2030 여성 디자이너를 선택하여 일을 진행했다는 것은 큰 의미가 있다. 그녀의 아버지도 홍콩 내에서는 유명한 풍수 마스터로 활동하고 있다. 그녀도 한 언론과의 인터뷰에서, 사람들이 풍수를 미신이라고 생각하는 것은 큰 오해라고 했다.

풍수지리를 관통하는 원리 중 중요한 것이 '음양'과 '오행'의 원리다. 풍수지리를 깊게 공부하고 들어가다 보면, 모든 세상의 현상들이 '음양'의 원리로 돌아가며, '오행'으로 구성되어 있음을 알 수 있다. 먼저 오행에 대해서 이야기해보자면, '나무', '불', '흙', '금', '물'을 오행이라 한다. 한자로는, 목화토금수라고 칭한다. 이 세상의 모든 요소는 이 다섯 가지가 모여서 이루어진다. 이 다섯 가지를 한 가족에 비유해보면 조금 더 쉽게 이해할 수 있다. 부모님, 자녀 셋으로 이루어진 가족은 서로의 관계가 참으로 오묘하다. 나무 같은 아버지는 불같은 성격의 어머니와 참으로 잘 어울린다. 항상 중립을 유지할 줄 아는 첫째 딸은, 동생들을 잘 아우른다. 특히 성격이 조금은 모가 난 둘째 여동

생에게 큰 힘이 되어준다. 성격이 예민한 막내아들은 둘째 누나만 늘 졸졸 따라다닌다. 그런데 오묘한 것은, 이 다섯 명의 대립 관계다. 불 같은 어머니에게는 언제나 헌신적인 아버지이지만, 유독 중립을 지킬 줄 아는 첫째 딸에게는 관대하지 못하고 잘못이 있으면 집요하게 파고든다. 불같은 어머니는 둘째 딸 앞에서 더 화를 많이 내고, 둘째 딸이 녹아내릴 것처럼 화를 낸다. 하지만 예민한 막내 아들에게는 너무나도 약한 모습을 보이고 아들이 원하는 대로 다 들어주는 것이다.

한 가족을 보아도 어떤 관계에서는 잘 지내기도 하고 어떤

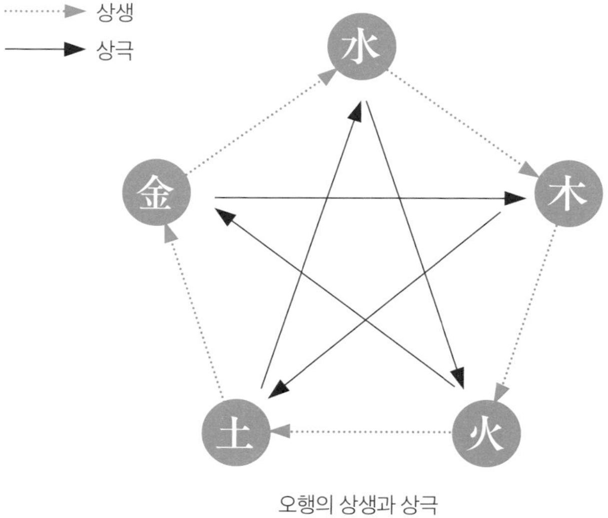

오행의 상생과 상극

관계에서는 대립하기도 한다. 오행도 그렇다. 다섯 가지가 모두 어우러져야 하지만, 각각의 요소가 서로를 키워주기도 하고 서로를 공격하기도 한다. 이를 일컬어, 오행의 '상생'과 '상극'이라 한다. 상생을 보자면, 목화토금수의 순서대로라고 생각하면 된다. 나무는 불을 더욱 키워내고, 불은 재를 통해서 흙을 만들어내고, 흙 속에서는 금을 찾아낼 수 있으며, 차가운 금속 위에서 물이 생겨나고, 다시 물은 나무를 키워내는 원리로 돌아가는 것이다. 상극은 목화토금수에서 한 단계씩 건너갔을 때 일어나는 일이라고 생각하면 된다. 즉, 나무가 불을 건너뛰면 나무뿌리가 흙 속으로 파고들게 된다. 이처럼 다른 요소들도 마찬가지다. 불은 아무리 단단한 쇳덩이라도 녹여낸다. 흙이 쌓이면 잘 흘러가는 물 줄기를 막아내고, 금속으로 이루어진 도끼는 아무리 큰 나무라도 베어낼 수 있는 것이다. 이러한 다섯 가지의 작용이 이 세상을 이루는 구성요소이자, 구성요소 간의 관계이다. 상식적인 차원에서도 오행의 상생 상극은 알아두는 것이 좋다.

다음으로 음양에 대해서 생각해보자. 한국 사람들에게 음양은 참으로 친숙하다고 할 수 있다. 바로 음양의 대표적인 문양인 태극이 태극기 속에 있지 않은가. 풍수지리가 세상의 모든 근본이치이며, 그러한 근본이치는 음양의 원리로 작동한다. 그 음양의 표본인 태극이 우리나라의 국기 속에 있다는 것은 참으로 자랑스러운 일이다. 이를 보고 속된 말로 '국뽕'이라 할 수도 있겠지만, 자랑스러워할 것은 자랑스러워하는 것이 맞다. 모든 스마트 기기들이 일상화되면서 우리는 전기가 없다면 단 하루도 제대로 살아갈 수 없을 것이다. 그 전기가 대표적인 음양의 원리로 이루어진 것 중 하나이다. 음과 양이 만나야 전류가 흘러서, 우리가 원하는 대로 스마트폰을 사용할 수 있게 된다. 하늘과 땅, 남자와 여자, 낮과 밤, 산과 바다, 삶과 죽음 등 대부분의 현상이 음양으로 분류될 수 있다. 분류라고 하면 나쁜 의미로 생각할 수도 있겠지만, 분류는 있는 그대로의 현상을 제대로 볼 수 있는 기준점일 뿐이다. 음과 양은 항상 같이 있어야 한다. 둘 사이의 고유한 기운을 유지한 채로 어울릴 줄 알아야 한다. 회사 생활을 들여다볼 때, 간과 쓸개 다 빼고 자신을 잊은 채 아부만 하면서 쓴소리 하나 할 줄 모르는 직원은 전혀 도움이 되지 못한다. 물론, 중간 관리자들은 달콤한 소리를 좋아할 수 있겠지만 조직의 거시적인 차원에서는 음양의 원리에서 벗어났기 때문에 조직이

삐그덕댈 수 있는 원인이 시작되는 것이다. 부부 사이도 마찬가지가 아니던가. 서로를 존중하고 양보하며 함께 어우러지면서 살아가는 것은 좋으나, 한 사람만을 위해 희생을 하게 되면 결국 균형은 깨지게 될 것이다. 균형이 깨지는 순간에는, 존중받는 한 쪽도 결국 무너지게 된다.

큰 차원에서 보았을 때, 자연과 인간의 관계도 음양의 개념에 들어간다. 그 거대한 균형이 깨져가고 있기 때문에 여러 가지 문제가 발생하는 것이다. 물론, 우리의 가장 큰 관심사는 내가 살고 있는 아파트 혹은 내가 사고자 하는 아파트의 가격이 오를지 말지에 불과하지만, 이 역시나 앞에서 이야기했던 내용들을 제대로 이해했을 때만 판별해낼 수 있다.

셋

명당 아파트와 투자용 아파트 - 두 마리의 토끼를 잡는 법

이번 장을 통해서 본격적으로 풍수지리를 우리의 삶 속으로 끌어와 보려 한다. 아파트를 고를 때 간단하면서도 우리가 반드시 알아두면 큰 경제적 이익을 안겨주는 내용들로 구성되었다. 정확한 원리를 알고 우리들의 삶 속으로 풍수를 가져와 적용한다면 당신의 삶은 이 책을 읽기 전과는 확연히 다른 삶을 살 수 있을 것이다.

최고의 풍수 전문가가 아들을 위해 고른 아파트

"아빠, 집을 구해야 하는데 뭐부터 봐야 할지 모르겠어요."

"그래, 아빠가 바로 봐주꾸마."

몇 년 전 내가 살 집을 알아보게 되었을 때, 처음으로 마스터님에게 부탁을 드렸다. 그 당시만 해도 내가 본격적으로 풍수지리를 알기 전이었기 때문에, 그저 투자적인 관점으로만 아파트를 알아보고 있었다. 내가 사는 지역은 충남에 있는 작은 소도시다. 선택지가 많지 않았지만, 그래도 처음 아파트를 알아보는 입장에서는 막연하게 느껴졌다. 나는 그저 느낌이 가는 대로 편안함이 느껴지는 아파트 단지를 선택했었는데, 마스터님의 선택은 달랐다. 나는 단지 밖에서 대강 보고는 크게 마음에 두지 않았던 아파트 단지를 마스터님은 선택하셨다. 나와는 생각이

다르다 하더라도 마스터님의 안목과 실력에 대해서는 당연히 믿음이 있었기 때문에 나의 부족한 안목을 고집하지는 않았다. 그 집에서 입주하고 난 이후부터 신기할 정도로 좋은 일들이 연이어 생기게 됐다. 물론, 매일 같이 행복한 날을 보냈다는 것은 아니다. 대체로 계획했던 일들이 성취되고, 생각하지 못했던 좋은 이벤트가 일어나게 됐다는 의미다. 전국적인 아파트값 상승이 일어서 나의 집도 매매가가 상승했지만, 마스터님이 정해주신 아파트가 해당 지역에서는 가장 큰 폭으로 매매가가 상승했다. 그때부터 분명 풍수지리적인 관점과 부동산 투자적인 관점의 상관성이 있을 것이라는 확신을 가졌다.

아파트 강의 영상 실전경험을 바탕으로 하여 이제는 아파트 풍수를 강의하는 사람이 되었다. 이 사진에는 직접적인 광고가 포함되어 있다.

그 확신을 발전시켜 나갔고, 공부와 더불어 많은 현장을 접하게 됐다. 그러면서 상관관계가 높은 요소들을 하나하나 정리하게 됐고, 그것들을 모아서 하나의 강의로 만들어냈다. 일반적인 관점에서 보았을 때 독자들에게 많은 흥미를 일으키기 위해서는 집값을 내세우는 것이 가장 좋을 것이다. 부동산 투자와 관련된 강의만 보더라도, 자극적인 문구들로 가득하지 않은가. 나도 어쩔 수 없이 표면적인 집값을 먼저 이야기하지만, 사실 나는 그 집값 너머의 가치를 얻을 수 있는 내용을 말하고 싶고 그것을 강의하고 있는 것이다. 굳이 범주를 구분한다면, 부동산 투자 강의에서 좋은 입지의 물건을 고를 수 있는 내용은 풍수를 통해서 입지를 분석하는 내용 속에 다 포함된다고 할 수 있다. 어떠한 위치에 있건 배움은 끝이 없어야 한다. 지금도 직접 강의비를 지불하며 다른 부동산 전문가들의 강의와 책을 사서 공부하고 있다. 그리고 공부하는 시간이 늘어갈수록 나의 생각에 더욱 확신을 갖게 된다.

부동산을 고를 때 풍수의 안목을 접목한다면 실패할 확률을 큰 폭으로 줄여나갈 수 있다. 아무리 집값이 오르는 곳을 선택하였다 하더라도 풍수적으로 좋지 않은 터에 들어가서 살게 간다면, 번 돈보다는 나가는 돈이 더 많은 상황이 일어나게 된다. 1장에서 언급했던 일들이 벌어지는 것이다. 우리가 쌓아가야 할 것은 자산만 있는 게 아니다. 가족과의 소중한 시간을 쌓아가야 하고, 세상을 올바르게 바라볼 수 있는 지혜를 쌓아가야 하며, 좋은 일을 하며 복을 쌓아가야 한다. 마지막으로는 나쁜 일들이 쉬이 지나갈 수 있도록 운을 차곡차곡 모아야 한다. 그것은 내가 사는 집에서부터 시작된다. 내가 사는 집을 통해서 운을 쌓고, 그 운으로 좋은 일들을 만들어내어, 가족이 건강하고 하는 일이 순조롭게 해결되는 것. 그것이야말로 그 어떤 것보다 큰 경제적인 가치를 안겨주는 일이다.

다음 장에서 본격적으로 출장 사례들을 위주로 설명을 할 것이다. 여러 출장지를 다녀보면 안타까운 일들이 너무나 많다. 지금은 거의 사라지고 없지만, 한센병이라고 하여, 우리에게는 '문둥병'이라는 이명으로 더 잘 알려진 피부질환이 있다. 이 질환을 앓게 되면 보통 피부가 썩어들어가는 증상을 경험하게 된다. 보통 사람들은 한센병을 일으키는 나균에 의해서 이러한 증상이 일어난다고 생각한다. 하지만, 잘못 알고 있는 것이다. 나균에 감염되었을 때 가장 무서운 증상 중 하나가 '무감

각'이다. 우리가 아픈 곳이 아픈 곳인 줄 모를 때, 우리의 살은 썩어들어가고 신체 부위를 절단하는 일까지 일어나는 것이다. 작은 상처 하나도 통증을 느낄 수 있다는 것은 참으로 감사한 일이다. 통증을 느끼지 않는다면 살짝 긁힌 상처에 감염되고 우리 몸 전체를 병들게 할 수 있다. 우리가 살아가는 것이 이 한센병 환자의 증상과 크게 다르지 않다. 풍수라는 관점을 생각하지 않고, 각자가 살아가는 공간에서 일어나는 일이 나에게 주어진 삶이라 생각하며 큰 저항 없이 살아가게 된다. 내가 살아가는 공간이 나의 삶을 갉아먹는 공간인지 나의 삶에 큰 보탬이 되는 공간인지 알아야 한다. 그리고 좋지 않은 공간이라는 것을 알게 됐을 때, 과감하게 이사까지 실행할 수 있는 결단력이 필요하다. 감정을 통해서 집이 좋지 않다는 결과를 듣게 되는 대부분 사람이 특별한 처방을 원한다. 물론, 세부적으로 일부 구조변경을 통해서 나쁜 운을 어느 정도는 막을 수 있지만 궁극적으로 입지 자체가 좋지 않을 경우에는 다른 대안이 없다. 사람들의 이런 약한 마음을 악용하여, 누군가는 거실에 거북이를 놓아두면 나쁜 액운을 막아준다 하기도 하고, 집 안 곳곳에 해바라기 액자를 걸어두면 좋다고 한다. 쉽게 해결하고자 하는 마음이 비상식적인 선택

출장 현장 사진 간절하면 무엇이라도 하고자 하는 것이 사람의 마음이다. 이러한 마음을 이용하는 것이 참으로 나쁜 일이다. 그러니 속지 않기 위해서 제대로 알아야 한다. 내 인생의 불행을 대신 감당할 사람은 아무도 없다.

을 스스럼없이 하게 만드는 것이다. 마치 집값이 오르지 않는 집에 작은 소품 하나를 가져다 놓게 되면 집값이 올라간다고 믿는 것과 같다. 근본적인 해결 방법은 거처를 옮기는 것뿐이다. 자연을 거스르려 할 때, 우리의 삶은 더욱더 꼬여만 가는 것이다.

그러니 처음부터 제대로 된 입지를 고를 줄 아는 눈을 길러야 한다. 물론, 전문가처럼 제대로 된 집을 구할 수는 없겠지만, 아래에서 이야기하는 몇 가지만 안다고 하더라도 실패하는 확률을 줄여나갈 수 있고 이것은 모두 경제적인 효용으로 직결되는 것이다. 내가 한 번 더 살 곳을 바라보고, 한 번 더 살펴봄으로 인해서 가족들의 운명이 달라질 수 있는 일이다. 이것을 가벼이 하는 것이야말로 가난해지고자 하는 '다짐'을 공고히 하는 것이다. 그럼 구체적으로 어떤 것들을 알면 좋을지 설명해보도록 하겠다.

집도 편안한 곳을 좋아한다 - 등받이 의자의 법칙

"흔들리지 않는 편안함"

모 침대 브랜드 광고에서 흔히 볼 수 있는 문구다. 한 번쯤은 들어보았을 것이다. 사람만 편안한 곳에서 지내고 싶은 것이 아니다. 우리가 사는 집도 하나의 유기체로 보는 것이 좋다. 아니 그렇게 보아야 한다. 사람이 편안한 곳에서 잠들면 에너지를 회복하여 다음 날 생기를 얻을 수 있듯이, 나의 집도 마찬가지다. 편안한 입지에 위치할수록 좋은 에너지를 많이 만들어내고 그 집에 사는 사람에게 좋은 영향을 줄 수 있는 것이다. 그럼 집은 어떤 곳에서 편안함을 느낄까? 이 역시나 사람과 똑같다. 풍수라고 해서 막연하거나 비상식적인 것을 생각할 필요가 없다. 우리가 등받이가 있는 의자에서 편안함을 느끼는 것처럼, 안락

한 곳에 집이 위치되어 있어야 한다. 이것을 '등받이 의자의 법칙'이라 부르도록 하자.

등받이 의자의 법칙을 이루는 주요한 3가지는 배산임수, 전착후관, 전저후고이다. 배산임수와 관련하여서는 앞 장에서 기본적인 설명을 모두 하였고, 전착후관과 전저후고는 지금부터 후술할 것이다. 세 가지 내용은 순서의 의미라기보다는 복합적인 것으로 생각하는 것이 좋다. 여기에서 이야기하는 내용들은 글자로 접한 후 꼭 현장을 통해서 직접 확인해야 전반적인 이해가 가능하며, 위성지도를 통해서는 절반도 제대로 보지 못한다는 것을 명심해야 한다.

배산임수

앞 장에서 언급한 배산임수의 내용을 그대로 적용해보면 된다. 아파트 단지끼리 비교할 때, 아파트 단지 내에서 동들끼리 비교할 때 동일하게 적용될 수 있다. 등받이가 넓고 편편하면 더욱 편안할 것이다. 아파트 단지 전체적으로 보았을 때, 단지 주변을 넓고 편안하게 감싸고 있어야 한다.

그렇다면 도심 아파트인 경우에는 어떻게 보면 좋을까? 도심

유튜브 영상 속 침실 모습 실제 나의 안방 모습이다. 편안한 침대의 모습을 상상하며 입지를 확인하면 된다. 편안한 곳에 위치한 집은 사는 이의 삶도 편안하게 만든다.

에서는 주변 건물들을 통해서 판단할 수 있다. 단지 정문과 후문을 기준으로 했을 때, 후문 쪽이 허하지 않고 아파트 뒤를 받쳐주고 있는 형세가 좋다.

아파트 대단지들이 여럿 있는 경우에는 단지 차원에서 비교하는 것은 큰 의미가 없고 동 차원에서 판단하는 것이 더 효과적이다. 요즘은 숲세권이라 하여 산속에 있는 아파트 단지, 산뷰라고 하는 것을 의미 있게 생각하기도 하는데, 숲세권이나 산뷰가 좋지 않을 확률도 높다.

산이 가까이에 있을 때는 건물이 제대로 위치되어야 큰 힘을 발휘한다. 그게 아니라면 오히려 더 큰 해를 입을 수 있다.

만약 등받이 의자에 거꾸로 앉는다고 생각해보자. 등받이가 내 앞을 받치고 있어 나는 다리를 벌리고 불편한 상태로 있어야 한다. 그러한 자세로는 편안함을 느끼기가 어렵다. 아파트 단지 전체적으로 봤을 때 등받이를 앞쪽으로 해놓은 것처럼, 경사진 지면을 역으로 해서 만들어놓은 아파트 단지도 제법 쉽게 확인할 수 있다.

이러한 아파트가 지어지는 이유는 남향을 고집해서이기 때문이다. 남향집의 가치는 농경사회에서부터 비롯된 것이다. 가장 많은 일조량을 받는 집일수록 농사와 관련하여 큰 득을 볼 수 있었다. 하지만 현대사회에서는 그 의미가 많이 변했다. 설령

실제 현장 모습 산이 아파트 앞을 정확히 가로막고 있는 모습이다. 베란다를 기준으로 산이 앞을 막고 있다면, 내 삶도 수 많은 역경들로 막히게 된다.

남향으로 짓는다 하더라도 앞에 가려지는 동이나 아파트 단지들 때문에 완전히 빛이 들어오지 않는 경우도 있다. 이제 이 책을 접한 사람들은 남향을 고집하지 않았으면 한다. 중요한 것은 남향이 아니라 주변 지형에 맞게 지어야 하는 것이다. 남쪽으로 큰 산이 가로막거나 지대가 높아지는 경우에는 남향이 아니라 북향으로 지어야 그 아파트가 더 높은 가치를 얻을 수 있다.

물론, 건설사들 입장에서는 사람들이 선호하는 남향을 많이 지어야 빠르게 분양을 마칠 수 있다고 판단하겠지만 애초에 그런 땅이라면 집을 짓지 않는 것이 맞다. 한 건설사는 광고에서 공개적으로, 남향인 아파트와 동쪽으로 난 문으로 설계한다고 한다. 차라리 모르고 짓는 것이 낫다. 이렇게 짓게 되었을 때 구조적으로 큰 문제가 생길 경우가 더 높다. 부동산 개발자의 입장에서도 풍수를 제대로 알고 적용해야, 더 큰 수익을 얻을 수 있을 것이다.

전저후고

앞은 낮아야 하고, 뒤는 높아야 한다는 뜻이다. 배산임수의 내용과 거의 같은 궤를 가지고 적용된다. 배산임수는 동 차원에

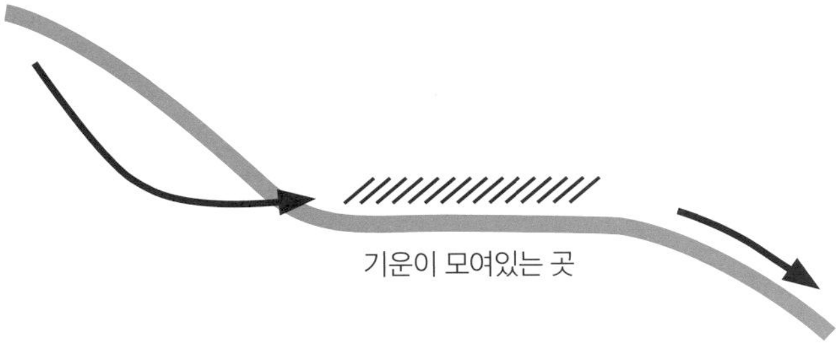

위에서 내려온 기운이 평평한 곳을 만나면서 기운이 멈추게 되는 것이다.

서 세밀하게 적용되기 어려운데, 이럴 때 전저후고를 통해서 같은 아파트 단지 내에서도 더 좋은 동을 택할 수 있는 것이다. 지금까지 유심히 보지 않아서 그렇지, 지금 살고 있는 아파트 단지를 한 번 걸어보자. 그러면 그 안에서 더 높고 낮은 동이 있음을 확인할 수 있다.

높고 낮음이 왜 더 좋고 나쁨을 의미할까. 땅은 정직한 원리로 존재한다. 땅의 기운은 산의 정상에서부터 흘러 내려온다. 그렇게 흘러 내려온 기운이 중간에서 굴곡을 만나 평평한 곳을 만나면 기운이 멈추게 된다. 기운이 멈춘 곳 아래로 흐르는 지역은 위에서 기가 뭉쳤기 때문에 위의 지역보다 못한 곳이 된다.

이런 의미로 내가 사는 아파트를 다시 한번 살펴보면, 미세하게라도 조금 더 지대가 높은 곳에 위치한 동이 조금 더 기운을 강하게 받는다는 것을 알 수 있다. 그리고 배산임수의 내용을 함께 적용하여, 베란다를 기준으로 내가 사는 아파트 동들이 조금 더 높게 위치해 있고, 앞에 사는 아파트 동이 낮게 배치되어 있으면 그 동은 다른 동보다 더 좋은 입지에 위치하는 것이다.

서북고동남저

조금 더 이론적인 설명을 덧붙여보자. 동양철학에서는 방향을 8방위로 나눈다. 그중에서 서북쪽은 아버지, 집 안의 가장을 의미한다. 현실적으로 동아시아 지역은 서북쪽의 매서운 바람을 막아야 하기도 했다. 그러한 여러 가지 의미로 서북쪽은 언제나 높은 것이 좋고, 낮을 경우에는 외부에서 불어오는 바람의 영향을 쉽게 받아서 가난해지기 쉬운 터로 분류해왔다. 만약 내가 살고 있는 아파트 단지의 서북쪽이 비어있거나 허하다면, 그 단지는 전체적으로 운이 약하다고 볼 수 있다. 반대로 동남쪽은 약해야 한다. '서북고동남저'까지 명확하게 판단하는 것은 많은 연습이 필요하다. 하지만 반복해서 보고, 방향을 확인하다 보면 어느 순간 방금 말한 3가지의 원칙들이 복합적으로 머릿속에서 판단되는 순간이 올 것이다. 지금까지 말한 이치들이 지극히 비현실적인가? 풍수의 원칙은 지극히 자연스러운 것들이다. 오히려 요즘 지어지는 건축물들과 우리의 행동들이 더 비현실적인 경우가 많다.

고층은 호텔에서 즐기는 것, 풍수로열층

"이 집에 들어와서 하루도 편히 잠을 잔 적이 없습니다."

세종시에 거주하는 한 고객의 사연이다. 사업적으로 큰 성과를 내고 있었던 한 30대 부부의 집이었다. 가장 높은 층, 소위 말하는 펜트하우스였다. 평형이 넓어서 지낼 공간은 많았지만, 구조 자체가 안정되지 못한 구조였다. 거기에다가 최고층이었고, 수맥까지 흘렀으니 아무리 30대라고 해도 버텨내질 못하는 것이었다. 그 집에서 사는 1년 반 동안 정말 많은 돈을 벌었지만, 단 하루도 편안하게 잠을 자지 못했다고 한다. 건강 이야기를 듣기 이전에, 수맥으로 인해서 당뇨가 있을 수 있다고 이야기했는데 그렇지 않아도 얼마 전 건강검진을 통해서 당뇨 판정을 받았다고 했다. 이처럼 터의 원리를 알면 질병까지도 알아맞힐 수 있는데, 그러한 원리를 모르니 다들 미신이라 생각하는 것이다.

고층 아파트에 대해 이해하기 위해서는, '지기'에 대한 개념을 알아야 한다. 지기라는 것은 말 그대로 땅에서 올라오는 기운을 뜻한다. 기운이라 이야기하니 막연하거나 불신의 영역으로 생각할 수 있을 것 같아서, 과학적인 용어를 곁들여볼까 한다. 지구는 기본적으로 자성을 띠고 있다. 지구의 표면에서 올라오는 기운을 '지자기'라고 칭한다. 지자기를 측정하는 단위는 가우스인데, 평균적으로 모든 지표면에서 받는 지자기가 0.5가우스이다. 그리고 아파트 4층 높이가 되면 0.25가우스가 되어 지자기가 절반 정도에 그친다. 그러니 1층에 사는 사람들은 평균적으로 0.5가우스를 받고 살아가고, 그 이상으로 올라갈수록 적은 지자기를 받으면서 살아간다. 땅의 기운은 지구가 생성될 때부터 있었던 것이고 지자기는 1700년대가 되어서야 만들어진 개념이다. 여튼 간에 지자기로 불릴 수 있는 땅의 기운은 고층으로 올라갈수록 약해진다.

사람들이 일반적으로 말하는 아파트 로열층이라고 함은, 보통 8층 이상부터 고려된다. 전망을 중심으로 판단이 되는 것인데 최소한 8층 이상은 되어야 어느 정도의 전망이 나오기 때문이다. 그러니 높을수록 좋고, 다만 탑층으로 갈수록 현실적으로 불편한 요소들이 있다 보니 중층 정도가 좋다고 판단하고 그에 따라 매매가가 정해지는 것이다. 하지만 풍수적으로 좋은 로열층은 바로 이 지자기를 받을 수 있는 곳을 의미한다. 가우스 덕분에 풍수지리의 개념이 조금 더 과학적으로 보여질 수 있는 기회를 얻었는데, 가우스의 측정값에 따라 약 3~5층까지가 일반적으로 풍수로열층이라 보면 된다. 즉 지기를 받을 수 있는 층이 최고의 위치인 것이다. 이러한 층에 살게 됐을 때, 지속적으로 좋은 기운을 쌓아갈 확률이 높아진다. 1~2층은 현실적으로 공해와 소음, 쓰레기 문제 등을 고려하여 피하는 것이 좋다. 일반적으로 3~5층이라고 하였지만, 주변 지형에 따라서 조금 기준이 넓어질 수는 있다. 그 기준은 주변 지형과 산세를 통해서 변화되는 것이다. 만약 주변의 산세가 내가 살고자 하는 동의 5층보다 조금 더 높이, 예를 들어 8층 정도까지 올라온다고 본다면 8층까지 기운이 올라오기 때문에 해당 층까지는 괜찮다고 볼 수 있다. 산세가 위에까지 올라와 있다는 것은, 외부로부터 불어오는 바람을 8층까지 막아준다는 것을 의미한다. 외부의 바람을 막아주니 땅에서 올라오는 기운이 조금 더 높게 올라올 수 있는 것이다.

이렇게 이야기하면, 8층 이상에 사는 사람 중 불안해하시는 분들이 있을 것 같아서 흥미로운 사례 하나를 소개해볼까 한다. 유튜브 영상을 통해서, 그리고 강의를 통해서도 언급한 내용인데 아파트 16층에 사는 한 여성의 사례이다. 16층에 새롭게 입주하게 된 한 여성의 집에서 땅의 기운이 올라오는지 측정했는데, 미세하게 기운이 있음을 확인할 수 있었다.

분명 8층까지만 기운이 있을 것이라 했는데 16층이라니? 8층까지만 기운이 있을 것이라는 것 보다는 8층까지가 그나마 강하게 기운을 받을 수 있는 층이라고 보면 될 것이고, 그 이상으로는 땅의 기운을 기대하기 어렵다는 의미이다. 지금 소개하는 사례에서 16층까지 기운이 올라올 수 있었던 것은, 바로 주변 산세 덕분이다. 첨부하는 사진을 보면, 16층 베란다에서 보이는 주변 산들이 정확히 시야까지 올라온다는 것을 확인할 수 있다. 그래서 주변을 잘 볼 줄 알아야 한다는 것이다.

고층 아파트에 살게 되면, 땅의 기운을 받지 못하기 때문에 좋지 않다는 것은 이제 명확히 이해했을 것이다. 하지만 요즘 날이 갈수록 고층아파트가 많아지고 있는데, 심지어 건설사에

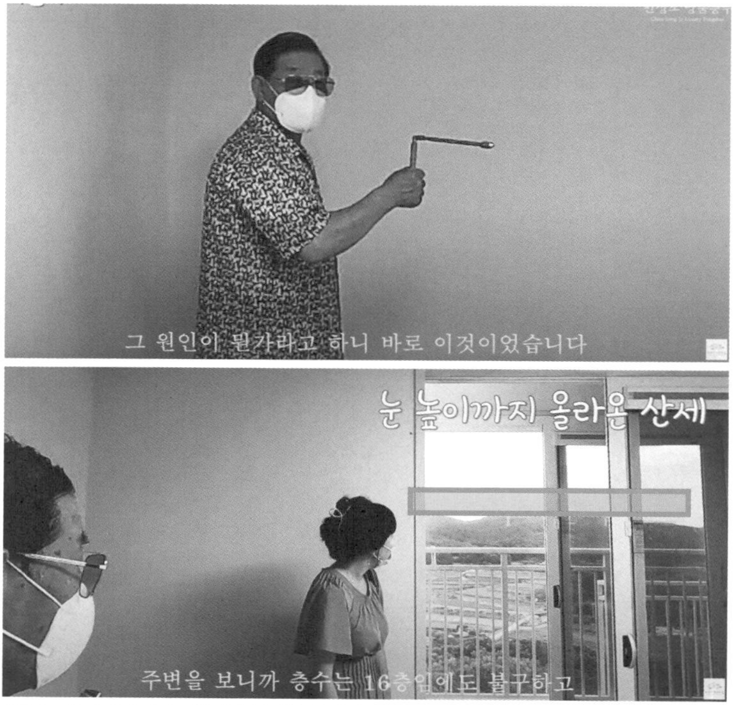

유튜브 영상 모습 눈높이까지 올라온 산세를 볼 수가 있으며, 그 곳에서 지기를 측정하니 실제로 미세한 기운이 탐지되었다.

서는 가장 좋은 층이 탑층이라 하여 펜트하우스라 칭하고 분양하고 있는데 과연 현실에 맞는 판단일까. 아무리 현대의 건축이 그러한 방향으로 흘러가고 있다고 하더라도 자연의 원리가 변하는 것은 아니다. 펜트하우스는 말 그대로 건설사들의 상술에 불과하다. 타워형 아파트에서 쉽게 볼 수 있는 펜트하우스는 아래의 두 개 층을 합해놓은 경우가 대부분이기 때문에, 구조적으로도 안정감을 느낄 수 없는 경우가 많다. 요즘 사람들 대부분이 고층 아파트에서 잘살고 있는데라고 반문한다면? 물론 고층 아파트라는 사실 하나만으로 그 집이 좋고 나쁘고를 일률적으로 판단할 수는 없다. 다만 마이너스 점수를 줄 수 있는 큰 요인 중에 하나라는 것이다. 사람의 한평생을 돌아볼 때, 기운이 왕성한 시기가 존재한다. 우리가 보통 젊은 나이대의 사람을 보고 철도 씹어먹을 때라고 하는데, 그 말은 분명 일리가 있다. 현실적으로도 많은 일을 할 수 있는 시기이며, 기운적으로도 주변의 나쁜 기운들을 어느 정도는 받아낼 힘이 있는 때이다.

30대의 사업에 실패하는 것과 50대의 사업에 실패하는 것이 차원이 다르다는 것을 모두 공감할 것이다. 이처럼 땅의 기운도 그렇다. 젊은 30대에는 고층 아파트라 하더라도, 혹은 풍수적으로 조금 미흡하다고 하더라도 견뎌낼 수가 있다. 문제는 상황이 나빠졌을 때이다. 이미 상황이 나빠졌다는 것은, 나쁜 운이 쌓일 만큼 쌓였다는 것이다. 그것이 현실로 드러나 건강상 혹은 하는 일에 영향을 미쳐 복구할 수 없는 상황을 만들어낸다. 오늘 하루쯤 괜찮다고 먹는 야식의 기름 덩어리가 하루하루 쌓여서

40~50대부터 병을 만들어내듯, 땅의 기운도 마찬가지다. 오늘 하루쯤 괜찮다고 생각하는 흉지의 기운이 쌓여 모든 나쁜 일들의 원인이 되는 것이다. 특히, 기운이 약한 미취학 아동이나 고령자의 경우에는 그 나쁜 기운을 그대로 받아내야 하기 때문에 끔찍한 일들이 쉽게 일어나는 것을 확인할 수 있다. 그러니 집에 어린 자녀가 있거나, 건강을 생각해야 할 나이가 되었거나, 부모님을 모셔야 하는 상황이라면 최대한 3~8층 사이에서 집을 구하는 것이 적합하다. 그게 아니라면 주택도 괜찮다.

나 역시도 고층을 좋아한다. 숙소에 묵게 될 때면 가능한 한 높은 층을 내어달라고 부탁한다. 올라가면 올라갈수록 눈이 즐거우니까. 작년 겨울에는 특별한 날이 있어서 롯데타워에 있는 시그니엘에서 하룻밤 묵은 적이 있었다. 93층에서 지냈는데, 너무나도 시설이 완벽하여 고층에 있다는 것이 무섭다고 느껴지지 않았다. 밤이 되어서, 한참 동안 한강의 야경을 구경했던 기억이 난다. 이처럼 고층은 특별한 날, 하루쯤 즐기는 것으로 족하다. 시그니엘 레지던스에 거주하는 사람들도 많을 것이다. 그리고 거주하는 이들 대부분이 경제적으로 상류층에 있는 사람들이다. 사업이든, 다른 분야이든 경제적인 성공을 할 수 있었던 것은 그 사람의 타고난 기운이 강하고 좋은 운을 갖고 있기 때문이다. 일반인들보다 더 많은 노력을 하면서 살았을 것이다. 물론 일확천금을 얻게 된 사람도 있겠지만, 이런 경우는 많지 않으니 굳이 비교하지는 말자. 요행으로 얻은 부는 쉽게 쏟아져 나갈 확률이 높으니까. 시그니엘에 거주하는 이들도 분명 지금 기운이 최상승기에 있을 때일 확률이 높다. 하지만, 자연의 원리를 거스를 수는 없는 것이다. 지기를 받지 못해 허약해진 날들이 하루하루 쌓여가는 것이다. 그것을 감당할 힘이 크냐 작으냐에 따라서 인생에서 겪게 될 불행한 사건의 시기와 크기가 결정된다.

지하주차장, 편리함이 주는 불편한 현실

내가 사는 아파트는, 지어진 지 거의 20년이 다 되어 간다. 그래서 그런지 요즘 지어지는 아파트들처럼 지하 주차장이 잘 갖춰져 있지 않았다. 일부의 공간에만 지하 주차장이 있어서, 아파트 본채 아래로는 땅이 뚫리지 않았다.

이번 장을 통해서는 원론적인 생각을 좀 해보면 어떨까 한다. 시간이 지날수록 현대의 건설은 풍수의 원칙과는 반대로 흘러가는 경향이 강하다. 아파트 자체가 주택보다 못한 것이고, 고층이 저층보다 못한 것이고, 판상형보다 타워형이 못한 것이다. 지하 주차장도 마찬가지다. 이 부분은 여러 가지로 생각해보아야 한다. 무조건 자연의 원칙만을 고집하다 보면 현실과 너무나도 동떨어지게 되니까. 이러한 고민 시점의 순간에는 판단의 기준점이 필요하다. 무조건적인 제1원칙은 자연의 원리, 풍수의 이점을 최대한 살려야 한다는 것이다. 이러한 선택의 과정을 회사의 업무에 비유해보자. 대부분의 회사가 효율적인 일 처리 과정을 중요시한다. 효율적인 업무 프로세스는 경제적인 효과를 낳는다. 하지만, 경제적인 효과에만 눈이 멀어 잘못된 것을 바로잡지 않고 덮어버리면 문제는 거기서부터 자라나게 된다. 지금 당장만 놓고 본다면 잘못된 일을 덮고, 프로세스대로 일을 진행하는 것이 나을 것이라 판단할 수 있다. 특히 개인의 입장에서는 순간적으로라도 직장 상사로부터 비난을 피할 수가 있으니까. 하지만, 그 판단이 언젠가는 눈덩이가 되어서 돌아온다는 것을 많은 사람이 공감할 것이다. 지금 당장 욕을 먹더라도, 다시 원래대로 돌아가서 일을 바로잡는 것이 먼저다. 그래야 다시 정상으로 돌아올 여지가 있다. 우리가 거주에 있어서 편리함을 고려하는 것도 이러한 사고 과정을 거치는 것과 같아야 한다.

모든 것들이 소비자가 생각하고 의욕 하는 것에 맞추어서, 생산자가 새로운 것을 창조해내는 세상을 살고 있다. 사람이 의욕 하는 것의 포인트는 대부분 순간의 편안함에 초점이 맞추어져 있다. 물론 그러한 이기와 의욕 덕분에 우리는 너무나도 편안한 현대인의 삶을 영위할 수 있게 되었다. 모든 것들이 자동

화되고 있고, 업무의 영역에서 사람을 대체하는 것들이 점점 늘어나고 있다. 주변 이웃들과 마주치는 불편함, 범죄의 노출을 줄이기 위해 복도식보다는 계단식 아파트로 지어지는 경우가 많아졌고, 늘어나는 개인의 차량 보유 대수를 감당해내기 위해 점점 더 깊게 땅 밑으로 주차장을 만들어내고 있다. 그리고 마치 신에게 누가 먼저 닿는지 경쟁하는 것처럼 더 높게 건물을 지어내고 있다.

아직 개발되지 못한 잠실의 아파트들이 많다. 호가가 100억에 가까워지고 있는 아파트들이 있음에도 불구하고, 테트리스

대구 출장 현장 지하주차장과의 거리도 운에 직접적인 영향을 미친다. 나쁜 요소 하나가 있더라도 그것을 다양한 시각에서 바라볼 줄 알아야 제대로 된 집을 고를 수 있는 것이다.

처럼 주차해야 하는 '불편함'을 감내해내는 사람이 많다. '인중승천'이라는 말이 있다. 사람이 모이면 하늘을 이긴다는 뜻이다. 하지만 여기에 한 가지가 더 덧붙여져야 한다. '잠시'가 빠졌다. 사람이 모이면 하늘을 잠시나마 이길 수 있다고 했다. 여러 가지 현실적인 어려움, 높은 집값, 그리고 풍수적으로 좋지 않은 터가 있음에도 불구하고 강남의 집값이 계속해서 올라가는 이유는, 일자리가 아닌 바로 사람 때문이다. 사람이 모여들기 때문에 그러한 것이다. 그렇다 하더라도 '잠시'일 뿐이다. 잠시라는 개념을 우리의 삶에 적용하여, 한순간이라 생각하지는 말자. 세상의 흐름은 조금 더 긴 호흡으로 바라보아야 한다. 땅 기운의 측면에서 보았을 때도 손상된 기운이 다시 회복되기 위해서는 약 300년 이상이 필요하다. 그러니 터의 측면에서 한 30년 정도는 잠시라고 보아도 무방한 것이다.

잠실에 있는 한 아파트에 감정을 갔을 때, 주변을 유심히 돌아본 적이 있다. 지반 전체적으로 미세한 수맥이 흐르고 있었지만, 지하주차장이 많지 않은 덕분에 단단한 지반을 유지하고 있었다. 땅이 뚫리지 않았다는 것은, 올라오는 땅의 기운을 잘 전해 받을 수 있다는 것을 의미한다. 땅을 깊이 파면 팔수록 기운을 받기가 어려워진다. 고층아파트에서 이야기한 내용과 동일한 원리가 적용된다. 지하 주차장이 잘 갖추어진 아파트에 살 때, 운적으로는 매일매일 적자가 나고 있는 것이다. 그러니 선택지가 다양하다면, 이왕이면 땅이 덜 뚫려있는 곳으로 가자. 하루하루 운을 쌓아나가고 싶다면 말이다.

확장형 아파트의 양면성

부모님이 살고 계신 집은 주택가에 위치해 있다. 그렇다 보니, 주차 문제 때문에 머리가 아프기도 하다. 하루는 주차 문제를 해결하기 위해서 민원전화를 하니, 담벼락 없애기 지원 사업을 홍보해주었다. 담벼락을 없애는 공사를 하면 주차 공간이 확보되어 좋을 것이고, 정부에서 지원금도 나온다고 했다. 그럴 생각이 없다 하고는 통화를 종료했다.

담장은 풍수적으로 봤을 때, 외부에서 불어오는 바람을 막아주는 보호막이다. 그리고 외부의 기운이 바로 집 안으로 들이치는 것을 막아준다. 아파트에서는 발코니가 담장과 같은 역할을 한다. 부모님이 사는 동네에서 담장을 없애는 공사를 한 분이 계신다. 편안하게 주차 공간을 확보하고 아주 잘 생활하고 계신 모습을 보았다. 그렇다 하더라도 운적으로는 큰 마이너스 요소인

전라북도 출장 현장 건물 뒤로 담이 없어서 강의 물기운을 바로 받게 된다. 거주지 주변의 물은 화를 만들어내기 쉽다.

것이다. 고대광실 으리으리한 담벼락이 있는 것은 아니더라도 최소한의 울타리는 필요한 것이 집이다. 넓은 공간을 확보하기 위해서 발코니 확장을 하는 경우도 이제는 일반화되었다. 발코니가 확장된 것이 오히려 호가를 높이는 경우도 있으니, 그만큼 넓은 공간이 더 큰 의미를 차지하는 것도 사실이다.

발코니의 유무에 따른 장단점을 생각해보자. 우선 발코니가 없는 집을 선택 하였거나, 발코니 확장 공사를 하게 된다면 가장 큰 장점은 조금 더 넓은 공간을 확보할 수 있다는 것이다. 넓은 공간을 통해서 내가 원하는 무언가를 더 잘 할 수 있다. 또 다른 장점이 더 있을까?

그럼 단점으로 넘어가 보자. 우선 발코니가 없으면 집이 춥다. 요즘은 바닥공사까지 완벽하게 진행하고 이중 창호의 단열 능력이 뛰어나기 때문에 단열이 된다고 하지만, 그래도 발코니가 있을 때보다는 더 춥다. 그러니 자연스레 난방비가 올라갈 수밖에 없다. 기운적으로도 외부의 바람과 기운이 바로 들이치게 된다. 무엇이든 충돌하게 되면 충격이 발생하고 파편이 튀어 오른다. 기운도 마찬가지다. 집 내부의 기운과 외부의 기운이 바로 충돌하니 운적으로 좋지 않다는 것이다.

외부와의 지나친 단절은 고립을 의미한다. 또 한편으로 지나친 무경계는 본래의 의미를 잃어버리기 쉽고 외부에 의해서 손

충청남도 출장 현장 공간을 잘 활용한다면 발코니가 있는 것이 훨씬 좋다.

상되기 쉽다. 집도 그렇다. 담장은 집의 고유성을 지키고, 나아가 그 공간에 살아가는 사람들의 고유함을 지켜줄 수 있는 1차적인 방어막이다. 발코니 공간도 사용하기 따라 다른 것이다. 고객들의 집을 들여다보면, 확장형 아파트라 하더라도 결국 발코니 쪽에는 화분이나 운동기구를 놓아두고 있다. 발코니가 있어도 동일하게 사용할 수 있다. 그러니 이왕이면 발코니가 있는 아파트를 선택하여 나의 고유성과 더불어 외부로부터 불어오는 기운의 충돌을 막도록 하자.

마주한다는 것은 부담스러운 일이다

담장이 없을 때 외부로부터 불어오는 기운이 바로 집으로 들이친다는 것을 이해했을 것이다. 그와 관련하여 기운과 기운이 충돌한다는 개념을 조금 더 상세하게 설명해보고자 한다. 기운이 마주하는 개념을 잘 이해하면, 아파트 집 내부의 구조에 대한 풍수적인 이해를 쉽게 할 수 있다. 한 집의 전체적인 운을 판단할 때, 가장 중요한 것은 앞에서 많은 부분을 할애하여 설명한 입지적인 측면, 즉 터에 대한 부분이다. 하지만 터가 좋다고 해서 무조건 다 좋은 것이 아니다. 아파트 내부의 구조도 제대로 되어 있어야 한다. 아무리 입지가 좋다고 해도, 구조적으로 보았을 때 풍수가 좋지 않다면 해를 입게 된다. 구조에 대한 풍수적인 측면을 다 이야기하자면 지나치게 이론적으로 들어가게 될 것이며, 그렇게 된다면 여타의 고리타분한 풍수 서적과 같아지게 되니 여기에서는 피하려고 한다. 설령 그러한 이론을 옮긴다고 하더라도 일반인들이 책만을 통해서 그 이론을 현실에 적용하기는 거의 불가능에 가깝다. 깨알 같은 홍보를 곁들이자면, 머찌동컴퍼니에서는 '집구조진단서'를 통해서 아파트 내부 구조의 풍수적인 진단과 방배치, 침대 방향, 주요한 가구 배치 등 풍수 인테리어를 함께 진단해드리고 있다. 정확한 이론적인 적용은 전문가에게 맡기는 것이 가장 현명한 판단이다. 그럼에도 불구하고 모두가 상식적인 차원 정도는 알아두어야 엉터리로 풍수를 보는 사람들에게 속지 않기 때문에 이 책에 많은 '유용한' 내용이 담겨있는 것이다.

다시 본론으로 돌아와서, 기운에 대한 근본적인 개념을 상세히 설명해보겠다. 기운은, 우리가 태극기에서 볼 수 있는 태극과도 같다. 붉은색과 파란색이 서로 맞닿아있지만, 명확히 구분되며, 그러면서도 물결치는 모양으로 함께 어우러져 있다. 마주하고 있으면서도 주체적이고 또한 조화롭다. 집안의 기운도 마찬가지다. 기운은 서로 충돌하는 것이 아니라 어우러져 있어야 하고, 공간 안에 잘 머물러야 한다. 그리고 언제나 환기를 통해 오염된 공기는 밖으로 빼내고 새로운 기운을 채워 나가야 한

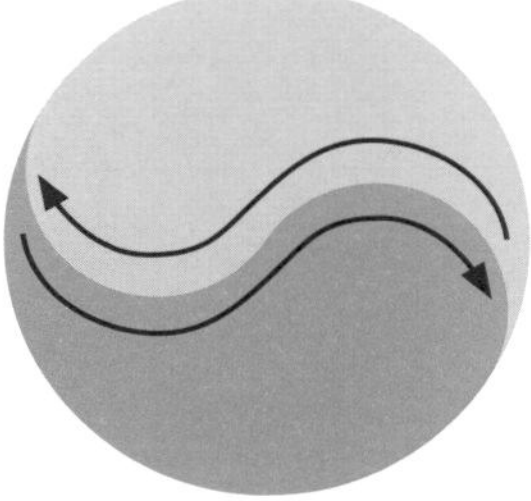

태극 모양

다. '내가 사는 집'이 '사람'과 같다고 한 것을 기억할 것이다. 사람과 같다는 것은, 내가 사는 집만의 고유한 기운이 있음을 의미한다. 같은 라인, 같은 층에 사는 아파트라 하더라도 각각의 다른 기운이 존재하고 있다. 그리고 그 집 고유의 기운은 또한 각각의 공간으로 세분화된다. 현관은 현관대로, 안방은 안방대로, 주방은 주방대로의 고유한 기운으로 또 나누어지는 것이다. 옛 선조들의 기록을 보면 실제로 모든 공간마다 각각의 신들이 존재했음을 인식하고 있었다. 그 각각의 기운들은 태극처럼 서로 조화로워야 한다. 그러기 위해서는 각 공간이 서로 지나치게 마주해서는 안 된다. 그 마주함의 구분은 문과 문으로 판단할 수 있다. 만약 안방과 작은 방의 문이 정면으로 마주하고 있다면 각 방의 기운이 서로 충돌한다. 그 기운은 사는 사람에게 고스란히

나의 집 문과 문 사이의 충돌은 인테리어 커텐과 블라인드로 방편이 가능하다.

전달된다. 안방에 있는 부모와 작은방에 있는 자녀가 충돌하는 일이 빈번해지게 되는 것이다.

다행히 이러한 경우에는 해결책이 있다. 기운과 기운이 마주하고 있어서 충돌을 하니 그 둘 사이를 막아주면 되는 것이다. 두 사람이 서로 마주하고 싸우려 할 때, 말리는 사람이 그 중간으로 들어가는 격이다. 양 문에다가 인테리어 커텐이나 블라인드를 설치하면 문제를 쉽게 해결할 수 있다. 일부러 인테리어를 위해서도 설치하는데, 운적으로도 좋은 영향을 주니 설치하는 것이 매우 좋다. 이렇게 문과 문이 충돌하는 경우 중 가장 해로운 경우를 몇 가지 언급하고자 한다. 아래의 사례들만 피해도 큰 화를 입을 수 있는 구조로 된 아파트를 피할 수 있는 것이다.

현관과 안방, 현관과 주방, 현관과 화장실

현관은 모든 양택에 있어서 근본되는 부분 중 하나이다. 사람에 비유하자면 첫인상이다. 첫인상이 좋은 사람은 다음에 또 보고 싶어진다. 물론 성격이 어떠한지는 겪어봐야 하는 것처럼, 집도 그렇다. 살아보고 겪어보지 않으면 집 전체의 성격을 정확히 알 수는 없지만, 최소한 사람보다는 정확하게 외양을 통해 판단할 수 있다. 집 구조 전체를 점수로 환산할 때, 현관은 50점 정도를 차지한다고 보아도 좋다. 그러니 현관을 항상 깨끗하게 사용해야 한다. 모든 좋은 운들이 집으로 들어오려 한다. 만약 현관이 지저분하다면 좋은 운이 들어오려다가 다시 도망가게 되는 것이다. 현관이 깨끗해서 좋은 운들이 문 안으로 발은 들여놓았는데, 이제는 문 너머 보이는 것들이 영 부담스럽게 느껴진다. 바로 안방과 주방, 화장실 등이다. 안방과 주방은 현관문과 동일하게 집 안에서 구조적으로 큰 운을 차지하는 곳들이다. 전통적으로 대문(현관), 안방, 주방을 양택3요라고 하여 이 세 곳의 배치와 방향이 뛰어나면 다른 부분들은 큰 걱정을 하지 않아

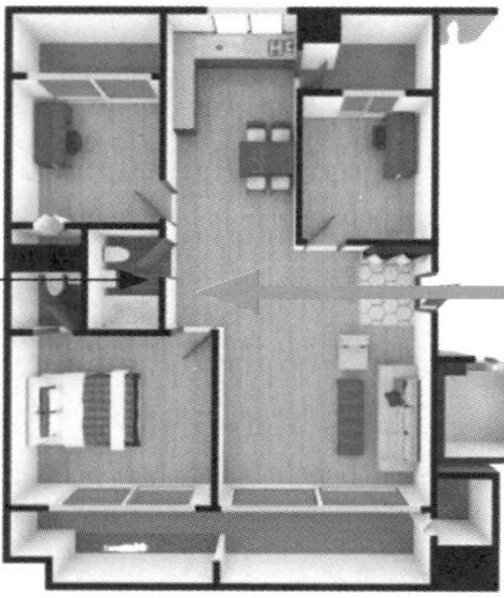

현관을 열자마자 화장실 문이 바로 보이는 구조라 이런 집은 피하는 것이 제일 좋다.

도 된다고 했다. 각각 중요한 책임을 맡고 있으니 그 성격을 존중해주어야 한다. 서로 마주하지 않도록 각각의 고유한 기운을 존중할 수 있도록 마주해서는 안 되는 것이다.

안방, 주방과는 별개로 화장실은 집 안에서 나쁜 기운을 담당하는 곳 중 하나다. 현대인의 거주 공간에서 욕실은 화장실과 함께 사용되며, 정화의 공간이다. 몸속의 노폐물이 버려지는 공간이다 보니 자연스레 좋지 않은 기운이 가득하다. 거기에 물과 함께 맞닿아 있으니 조금이라도 청결에 소홀하게 되면 집 안에서 운 적으로 큰 감점 요인이 될 수 있는 곳이다. 아무리 깨끗하게 한다고 해도 기본적으로 좋지 않은 공간으로 분류되는 것이니, 현관을 넘어온 좋은 기운이 화장실을 보면 불쾌한 기분을 드러내는 것이다. 그리하여 좋은 기운은 달아나게 되고 집 안에 사는 사람들이, 집에 살면서도 좋은 기운을 얻지 못하게 되는 것이다. 이해를 돕기 위해 기운을 어느 정도 의인화하여 설명을 곁들였다. 첨부하는 구조도를 보면 더 쉽게 이해할 수 있다. 만약 내가 사는 집이 그러하다면, 중간에 파티션을 구해서 막거나, 자가라면 구조물을 설치하는 등으로 하여 기운의 충돌을 막는 것이 좋다. 하지만 그렇다 하더라도 이왕이면 이런 집은 피하는 것이 가장 좋은 방법이다. 방편은 그저 도와주는 역할에 불과하지 본질적인 문제를 해결하는 것이 아니기 때문이다.

안방과 현관, 안방과 화장실

위에서 이야기한 원리들이 동일하게 적용이 된다. 안방과 현관, 안방과 화장실이 마주하는 것이 좋지 않다는 것은 이제 이해를 했을 것이다. 여기에서는 안방에 대한 의미를 조금 더 설명해보려 한다. 안방이라는 공간은 부부가 함께 지내는 공간이다. 요즘 1인 가구가 많아지는 시대이기 때문에 일부에 치우친 생각이 아니냐라 할 수도 있겠지만, 전통적인 관점에서 보았을 때 1인 가구가 정상적인 모습은 아니다. 만일 1인 가구가 좋다 하여 수백 년 전부터 1인 가구들로 모두가 살아왔다면, 지금쯤 인류는 멸망했을 것이다. 모든 세상의 이치가 음과 양으로 이루어져 있고, 오행으로 분류될 수 있다. 그렇듯 인간에게 가장 큰 음양의 법칙은 남자와 여자의 만남이다. 동성애도 그렇고 1인 가구도 그렇고 개개인에 대해서는 모두 존중하지만, 사회 전체적으로 보았을 때 그것이 절대다수가 되어서는 안 된다는 말하고 싶은 것이다. 부부가 같이 지내는 공간인 안방은 가장 고요하면서도 역동적인 공간이다. 한 자리에서 가장 오래도록 머무르는 취침 활동은 나에게 새로운 에너지를 만들어주어 다음날 정상적인 활동을 할 수 있도록 에너지를 만들어준다. 당연히 잠자리가 고요해야 잠을 잘 잘 수 있다. 그러면서도 생명이 만들어지는 공간이기도 하다. 남녀의 결합으로 인류의 연장이 이루어지는 공간이니 그 어떤 장소보다 더욱 역동적이라고 할 수 있다. 이러한 의미에서 볼 때, 안방은 하나의 인큐베이터 혹은 어머니의 양수 속과 같다고 보면 된다. 고요해야 하면서도 탄생이 이루어져야 하기 때문에 항상 깨끗하게 유지되어야 한다. 외부의 것들은 최대한 안방으로 들여오지 않고 과하게 장식하지 않으며, 침대를 잘 배치하는 것이 중요하다. 방 안이 너무 어둡다면 음기가 지나치게 강해지기 때문에 은은한 조명을 통해서 안방을 포근한 분위기로 만들어야 한다. 이렇듯 안방은 집 안에서 가장 예민한 공간이라고 봐야 한다. 그러니 더욱더 다른 공간들과의 충돌에 민감해야 하는 것이다.

좋은 터에서 아기를 낳고 길러야 하는 이유

"맹모삼천지교"

이미 이천 년 전부터 부모님들은 자식의 교육을 위해 최고의 노력을 해왔다. '맹모삼천지교'라는 고사만 보아도 잘 알 수 있다. 전 세계적으로 보았을 때, 지금 한국의 어머니들은 거의 대부분 맹자의 어머니와 견주어도 모자라지 않는 열정과 애정을 가지고 자녀를 길러오고 있다. 사람은 공간과 환경에 의해서 지배된다고 해도 틀린 말이 아니다. 풍수지리를 공부하는 것 역시나 우리를 지배하는 공간과 환경을 알아가고자 하는 노력과 궤를 같이한다. 자녀의 교육을 위해서 가장 먼저 생각하는 것이 바로 '학군'이다. 투자 입지에서 보았을 때도, 거의 1순위로 꼽히는 항목 중 하나다. 고려되어야 할 주거 입지 중에서도 가장 인위적으로 생성하기 어려운 것도 '학군'일 것이다. 전 세계를 휩쓴 드라마, <지금 우리 학교는>에 보면 한 학생을 보고 '기생수'라는 단어로 칭하는 것을 볼 수 있다. '기생수'는 기초생활수급자의 줄임말이라 한다. 고급 아파트 바로 옆에 위치한 임대아파트 장면을 통해서 강한 학구열에 대한 이면을 보여주기도 했다. 현실은 어쩌면 이보다 더 잔인할지도 모른다.

한옥에 살던 시절, 선조들은 공부하는 자녀를 위해 동쪽에 방을 내어주곤 하셨다. 그 시절에는 더욱더 자녀의 출세가 가문을 일으키는 지름길이었기 때문에, 지금보다 더 집에 대한 관심이 높았다고 볼 수 있다. 이처럼 중요한 것은 내 집에서부터 시작되어야 한다. 우리 아이가 잘되기를 바란다면, 학군과 학교도 중요하지만, 아이를 잘 보살필 수 있는 공간을 마련하는 것이 가장 우선이다. 어른이 되어가는 과정에서 혼란을 겪지 않도록, 크고 작은 시련들을 스스로 잘 이겨내고, 공부뿐만 아니라 자신만의 삶을 잘 만들어갈 수 있도록 기운이 좋은 집, 좋은 방을 만들어주어야 하는 것이다. 나의 학창 시절을 곁들여보자면, 초등학교 시절부터 공부를 곧잘 하는 편이었다. 초중고 시절 모두 같은 집에서 머물렀고, 집 주변의 같은 학군에서 학창 시절을 보냈다. 만약 부모님이 학군을 중요시하셨다면 우리 집은 강남의 학구열을 넘어서는 대구의 수성구로 이사를 하셨어야 했다. 다행히 국내 유일의 풍수 전문가이신 마스터님과 어머님은, 현명한 판단을 하셨다. 학군보다는 집터를 중요시했고, 그 집터 안에서도 나의 방 위치에 신경을 쓰셨다. 처음 집을 지을 때부터 나의 방 위치를 생각하셔서 건축을 진행하셨다. 집 안에서 가장이 있어야 할 방향은 서북쪽이다. 그 서북쪽에 자녀가 거처하게 되면 부모를 무시하고 버릇없어지기가 쉬운데, 그럼에도 불구하고 부모님은 나의 성품을 믿으신 것인지 나를 서북쪽에 있는 방으로 공부방을 마련해주셨다. 물론 나의 노력도 있었지만, 기본적으로 좋은 터, 좋은 공간의 기운 덕분인지 내가 노력하는 것보다 더 좋은 성적을 거둘 수 있었고, 대학도 원래의 성적보다 더 좋은 학교로 진학할 수 있었다.

자랑을 하려는 것이 아니라, 그만큼 학군과 학원보다 사는 집이 중요하다는 것을 강조하고 싶어서 이야기하는 것이다. 자녀의 심지가 바르고, 부모님의 현명한 교육만 있다면 오히려 좋지 않은 학군에서 군계일학이 되어 좋은 내신을 얻을 수가 있다. 그리고 학원 역시나 마찬가지다. 본인이 하고자 하는 의지가 없다면 아무리 최고의 학원과 강사를 만난다고 해도 의미가 없다. 나 역시도 수성구 쪽으로 버스를 타고 학원에 다녔던 기억이 있다. 이 책을 빌어서 고백하자면, 그 시절 부모님께 학원에 간다고 거짓말하고는 피씨방에서 한 달을 보낸 적도 있었다. 요즘은 핸드폰을 통해 위치추적도 가능하니 그 시절처럼 자유롭게(?) 방황을 할 수는 없겠지만, 공부하기 싫은 아이는 어떻게든 공부하지 않는 방법을 찾아낸다. 우리 아이를 하나의 연꽃으로 만들어내는 것이 중요하다. 진흙 속에서도 아름다운 꽃을 피워내는 아이가 되도록 키우는 것이 가장 좋다. 그 어떤 비바람도 피할 수 있는 꽃은 없다. 온실 속에서 키워진 꽃은 자연 속에서 자란 꽃들보다 생명력이 약하다. 작은 시련도 쉽게 이겨내지 못한다. 지금의 교육 현실이 그렇다. 모든 교육의 시작은 집 안에서부터 이루어진다. 상담하러 오시는 분들의 가장 많은 고민이 금전이며, 두 번째가 자녀 문제다. 그 문제의 해결점은 집 안에서부터 시작되어야 함을 명심하자.

노태우 전 대통령의 생가터는 지금도 유명한 관광지로 많은 이들의 발길이 닿는 곳이다. 노태우 전 대통령은 그 생가터에서 6~7세까지 유년 시절을 보내셨다. 정치적인 생각은 버려두고,

노태우 대통령 생가 이 집에서 태어나 유년기를 보낸 기운으로 대통령까지 되었다.

한 사람이 우리나라를 이끄는 대통령이 될 수 있었던 가장 큰 원동력은 바로 집터였다. 여러 조상님의 도움도 있었겠지만 궁극적으로 노 전 대통령이 태어난 생가터의 기운이 가장 왕성하게 작용하여, 훗날 대통령을 만들어낸 것이다. 이렇듯 어린 시절 좋은 집터에서 나고 자란 그 기운이 평생동안 영향을 미친다. 집이 위치한 터가 좋은 것이 가장 우선이다. 만약 아파트 단지가 위치한 터가 예전 공동묘지였거나 혐오시설이 위치했던 곳이라면, 피하는 것이 좋다. 특히 어린 자녀를 둔 부모의 경우에는 그러한 곳은 반드시 피해야 한다. 생각보다 많은 사람이 이러한 것을 알아보지 않고 집을 구하는 경우가 많다. 조금만 발품을 팔고 조사를 한다면, 예전에 어떠한 시설이 있었다는 것을 쉽게 파악할 수 있다.

그러니 아이를 잘 낳고 잘 기르기 위해서 고려해야 할 것은, 바로 집터와 집 구조이다. 이 책에 나온 내용이라도 잘 습득하여 집을 고른다면, 소위 말하는 '공부 잘하는 아이'로 키워낼 수 있는 것이다.

한 아파트에 오래 살면 안 되는 이유

아파트의 입지를 판단할 수 있는 가장 중요한 핵심들로 내용을 이야기해보았다. 세부적으로 들어간다면 더 고려해야 할 요소들이 많지만, 일반적으로 전술한 내용들만 고민하고 아파트를 고른다면 충분히 실패할 확률을 줄여나갈 수 있다. 풍수지리라는 단어와 함께 필연적인 단어는 바로 명당이다. 명당이라고 하면, 엄청나게 좋은 무언가를 상상한다. 물론 모든 게 좋으면 진짜 말 그대로 명당이겠지만, 사실 그러한 자리를 얻는 것은 정말로 어려운 일이다. 보통은 나쁜 것들이 많지 않다면 충분히 명당이라 할 수 있다. 그래서 우리는 좋은 아파트, 좋은 터를 고르기 위해서 무조건 좋은 터를 찾겠다는 마음보다는, 가장 나쁜 것들부터 하나하나 피해가겠다는 생각으로 찾는 것이 가장 효율적이고 현명한 판단이다. 그래서 많은 요소를 고려하되,

나쁜 요소를 얼마나 피했는지 체크해보자. 그렇게 찾아가다 보면 마지막까지 남아있는 나의 소중한 공간이 모습을 드러내게 될 것이다.

한 집에서 내가 받을 수 있는 운의 최고 점수를 100점이라고 하자. 처음부터 전문가를 통해서 집터를 고르고, 완벽한 집 구조를 갖추어서 건축한다면 90점 이상의 운을 받으며 살아갈 수 있다(나머지 10점은 마지막 장에서 이야기하겠다). 하지만 대부분의 경우 정해진 아파트 중에서 하나를 골라서 살아야 한다. 그 아파트마저도, 경제적인 부분을 비롯한 많은 것들을 생각한다면 선택지는 생각보다 많지 않다. 고객들을 통해서 집 구조 진단을 진행할 때, 운의 점수가 50~60점 이상만 된다면 거주하기에 적합하다고 이야기한다. 그만큼 아파트의 정해진 구조 속에서는 운의 한계가 있다. 앞에서 야식을 예로 들며 운에 대한 측면을 언급했었다. 그와 동일하게 우리가 60점의 운을 받으면 살기에 적합하다고 할 수 있지만, 나머지 40점이 문제다. 오늘 당장으로 봤을 때는 그 40점이 큰 문제를 일으키지 않는다. 하지만 그것이 한 달이 되고 일 년이 되고, 10년이 된다면 이야기는 달라진다. 격투기 선수를 생각해보자. 상대편으로부터 턱이나

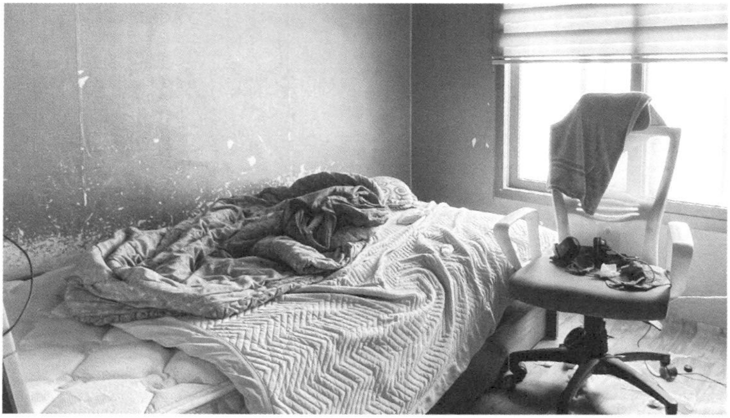

경북 출장 현장 사진 낡은 벽지를 볼 때마다, 그 안에서 살아간 아이의 세월을 생각하면 마음이 아프다. 진정으로 아이를 생각하는 부모라면 학군도 좋지만 거처하는 곳을 좋은 곳으로 마련해 주는 것이 우선이다.

명치 등 급소만 맞지 않는다면, 얼굴을 보호하고 있는 팔로 상대편의 공격을 막으면서 버틸 수 있다. 하지만 얼굴을 막고 있는 그 팔을 지속해서 공격받는다면 상처가 나고 통증이 느껴져 팔을 내릴 수밖에 없다. 그때는 이제 얼굴이 무방비 상태가 되고 상대편의 공격으로부터 한순간에 무너져 내리는 것이다. 그러니 팔도 한 번씩 바꿔줘야 하고 서 있는 위치도 자꾸 옮겨가면서 방어해야 한다. 우리가 사는 아파트도 그렇다. 집을 늘 청소하면서 깨끗하게 유지해줘야 하고, 일정 기간이 지나면 집도 옮기면서 가족의 삶을 전략적으로 꾸려나가야 한다.

경북 쪽으로 출장을 갔을 때 이야기다. 주택에 거주하고 있는 가족이었는데 집과 더불어서 상가도 함께 운영하면서 열심히 살아가고 있는 어머님이었다. 그분의 가장 큰 고민은, 스무 살이 된 아들이 방에서 잘 나오지 않는다는 것이었다. 현재 거주하고 있는 집에서는 약 10여 년 이상 거주하고 있었고, 초등학교 때부터 그 집에서 거주하기 시작했다. 그 아이는 학창 시절을 보내면서 교우관계가 좋지 않아 심리적으로 충격을 받은 것으로 보였다. 학업은 당연히 집중할 수 없었고, 겨우겨우 고등학교는 졸업했으나 미래를 생각하지 않는 모습에 어머님의 속이 많이 상한 상태였다. 현장을 가보니 집의 상태가 심각했다. 집 전체적으로 답답한 기운이 가득했다. 그중에서도 아들의 방은 문고리도 떨어지고 다른 어떤 것도 생각할 수 없는 그런 공간이었다. 진단을 해보니 방의 위치가 좋지 않았다. 보통의 경우라면 그러한 방에서 머무르고 싶지 않아야 하는 것이 정상이다. 하지만 오래 머무르다 보면 익숙해지기 마련이다. 처음 생선을 손에 쥐게 되면 비린내에 계속 신경 쓰게 되지만, 그 시간이 한 달 일 년이 되면 비린내는 이미 당연한 것이 되어 버린다. 그처럼 그 아이도 그 엉망인 공간이 자기만의 공간이 되어버린 것이다. 한편으로는 너무나 안타까웠다. 큰 노력이 필요한 것이 아니다. 그 방을 없애고 다른 공간에 잠잘 공간을 마련한다면 문제는 쉽게 해결될 일이었다.

만약 자녀가 있고 자녀의 학군이 안정되기 시작하면 생각보다 10년 이상 한 아파트에서 거주하는 경우가 많다. 그래서 처음부터 집을 잘 구하는 것이 중요한 것이다. 여러 요소를 종합적으로 잘 판단하여 새로운 곳으로 가야겠다고 판단이 된다면 과감하게 이사하는 것도 좋다. 보통 감정 결과나 집 구조진단 결과가 좋지 않아서 이사하는 것이 가장 최선의 방법이라고 말씀을 드리면 받아들이지 않는 경우가 대부분이다. 어떤 분은 아예 결과 자체를 보지 않겠다고 하기도 했다. 그렇게 말씀하시는 분들의 마음은 충분히 이해한다. 그렇다 하더라도 원인을 알았다면 치료를 하는 것이 맞다. 치료비가 많이 든다고 하여 상처를 덮어버리게 되면 언젠가는 썩어버리고 결국 살을 도려내는 수밖에는 없다. 돌이킬 수 없는 손실을 얻게 되는 것이다.

터보다 더 중요한 가치

우리 모두 부자가 되기를 원한다. 자본주의 사회 속에서 모두 돈의 노예가 되었다고 비난하는 이들도 많다. 그렇지만 언제까지 비난만 하고 살 수는 없다. 돈이 전부는 아니지만, 돈이 없으면 너무나도 쉽게 비참해질 수 있다. 그것을 오랜 세월 몸으로 겪어보았기 때문에 잘 안다. 돈이 없다면 아픈 몸도 치료할 수 없고, 소중한 이들도 하나둘씩 떠나보내기 마련이다. 끓어오르는 욕심을 올바른 방법으로 채워가는 것, 그리고 나만 바라보는 게 아니라 주변도 함께 바라보면서 살 수 있는 지혜를 갖는 것. 그 과정이 모두 부자가 되는 길이다. 부와 재산과 관련하여 풍수적으로 의미 있는 사례가 하나 있어 소개하려 한다. 우리 모두가 잘 알고 있는 경주 최부자집의 이야기다. 경주 최부자집은 1600년경 최진립에 의해 처음 만들어지게 됐다. 그 이후 10대가

경주 최부자집 나즈막한 집을 돌아보면 이 집이 300년 동안 부자였던 집인가를 의심하게 된다. 일순간 터의 기운을 받아 부자가 될 수는 있어도, 그 부를 유지하는건 사람의 몫이다.

넘는 세월이 지난 지금에도 그 명맥이 유지되고 있다. 오랜 부의 비결이 무엇인가 궁금하여 수많은 관광객이 경주로 향하곤 한다. 풍수지리 현장 교육을 위해서도 많은 이들이 찾고 있다.

최부자 집에 가보면 생각보다 고대광실에 으리으리한 집이 없어서 놀라게 된다. 풍수적으로 보았을 때도 최부자 집의 집터는 엄청 좋은 곳은 아니다. 300년이 넘는 부를 유지할 수 있는 기운을 가진 집터는 아니었다. 그럼에도 불구하고 그 집안이 오래도록 유지될 수 있었던 것은, 시대를 막론하는 가문의 가르침이 있었기 때문이다. 이를 최부자 집의 '육훈'이라고 한다.

과거를 보되 진사 이상은 하지 말라.

재산은 만 석 이상 모으지 말라.

흉년에는 재산을 늘리지 말라.

과객을 후하게 대접하라.

사방 백 리 안에 굶어 죽는 사람이 없게 하라.

최씨 가문의 며느리들은 시집온 후 3년간 무명옷을 입게 하라.

내용을 훑어보면 한 번쯤은 들어보았을 내용들이다. 하지만 그러한 이야기를 내 삶에 적용하고, 그것을 300년이 넘도록 이어져 오도록 한다는 것은 보통의 노력이 아니고서는 불가능한 일이다. 여섯 가지의 가르침을 관통하는 단어는 바로 '겸손'과 '나눔'이다. 표면적인 건축만 보아도 그것이 드러나는데, 최부자 집 옆에 있는 경주향교를 위해 집의 기둥도 높이 하지 않고 집터도 높이 올리지 않았다고 한다. 많이 가지면 가질수록 집도 명예도 더욱 높이 올라가려 하는 요즘과는 참으로 대조되는 모습이다. 많이 가지면 가질수록 더욱더 나누기를 강조하였고, 다른 이들의 가난을 나의 아픔으로 여겼다. 흉년에는 재산을 늘리지 말라는 내용이 바로 그것이다. 경제가 어려워져 부득이하게 살고 있는 집을 내놓는 경우, 부동산을 얼른 사들이지 않는 것과 같은 이치다. 다른 이가 경제적인 어려움을 겪고 있을 때, 그것을 본인들의 재산 증식에 적극적으로 활용하지 않는다는 것이다.

최부자집의 오랜 가치는 지금까지 전해져오고 있다. 나를 포함하여 많은 사람이 돈에 대한 가치를 생각하며 많은 공부를 하고 있다. 그러한 공부의 시작점으로 해외의 유명한 주식투자자의 책을 바이블로 여긴다. 그런 분들의 책도 중요하지만, 우리 한국에는 그보다 더 뛰어난 재산에 대한 가치를 가진 이가 있다는 것을 기억하고 위의 여섯 가지를 생각하며 우리의 삶에 적용하여도 좋을 것 같다. 경주 최부자집은 대한민국이 일제강점기를 겪으면서 나라와 함께 쇠락의 길로 들어섰다. 끝까지 주변 사람들, 그리고 나라를 위해 희생한 것이다. 그 많은 경주 최부자집의 재산은 지금 현재 영남대학교의 전신인 대구대학으로 꽃을 피우면서 마무리되었다.

아무리 좋은 터에 살고 있어도, 내가 제대로 된 삶을 살지 못한다면 좋은 운을 받기 어렵다. 반대로 조금은 부족한 터에 살고 있더라도, 내가 제대로 된 삶을 살아간다면 현실적인 부분을 넘어서는 큰 부와 가치를 이룰 수 있는 것이다. 내가 강조하고자 하는 것은 균형이다. 좋은 터와 좋은 집을 구했다면, 그 이후에는 내가 제대로 살아가는 것이 중요하다. 이러한 점을 부풀려서, 터는 중요하지 않고 내가 똑바로만 살면 되니 풍수는 큰 의미가 없다고 생각해서는 안 된다. 좋은 터와 좋은 터에 맞게끔 살아갈 수 있는 나의 마음가짐이 필요하다. 풍수지리는 자연에 대한 이야기다. 그리고 그 자연의 이치를 알게 됐을 때, 진정으로 부자가 될 수 있는 것이다. 우리가 공부하는 것은 물리적인 대상으로서의 자연과 더불어, 그 안에서 사람이 어떠한 가치를 가지고 살아가야 하는지를 모두 포함하고 있다. 그런 의미에서 경주 최부자집은, 풍수지리의 진수를 느낄 수 있는 진정한 명당 사례 중 하나인 것이다.

넷

풍수로 울고 웃는 사람들 - 실사례와 풍수 인테리어에 대하여

이번 장에서는 직접 겪은 사례들을 중심으로 하여 우리가 알아야 할 풍수 요소들을 추가로 소개할 예정이다. 그와 더불어서 풍수지리의 새로운 전성기를 불러온 풍수 인테리어의 근본적인 개념과 꼭 알아야 할 풍수 요소들에 대해 중점적으로 설명하고자 한다.

터에 발 붙이지 않는 자, 이 책을 덮어라

"역사란 현재와 과거 사이의 끊임없는 대화이다."

영국의 유명한 역사학자인 E.H.Carr가 「역사란 무엇인가」에서 언급한 말이다. 역사가 이루어지기 위해서는 시간 간의 끊임없는 유기적 대화가 필요하다. 즉 과거는 현재의 밑거름이 된다. 좋든 싫든 말이다. 한국인들이 살아가고 있는 현실을 돌아보면, 거의 모든 영역에 있어서 지난 것들과의 단절이 일어나고 있다. 단순한 단절이 아닌 낡은 것이라는 프레임을 씌워 구체적인 가치판단을 할 필요도 없이 부정해버리는 것이다. 우리가 학창 시절에 배웠던 역사는, 언제나 정치와 국가의 시간순으로만 구성되어 있었다. 국가 중심의 역사관은 하나의 관점에 불과하다. 우리는 그것만 배웠기 때문에 그러한 관점이 전부라 생각할 뿐이다. 하지만 우리가 보지 못한 세상과 관점이 너무나도 많다. 시간이 아니라 돈의 관점에서 역사를 바라볼 수도 있고, 술의 관점에서 세상을 바라볼 수도 있다.

내가 이야기하고 싶은 것은, 풍수지리라는 단어를 들었을 때 덮어놓고 비난하지는 말자는 것이다. 특히 요즘 윤석열 당선인이 청와대를 사용하지 않고 용산에 있는 국방부 청사로 이전하는 사안을 놓고 비판하는 세력에서는, 어디서 풍수지리 조언을 듣고 한 것은 아니냐라 하기도 한다. 개인적으로 정치적인 견해는 전혀 없음을 밝힌다. 풍수지리를 공부하는 사람의 입장에서, 기본적으로 풍수지리는 믿을 것이 못 된다는 전제를 깔고 비판

용산 국방부 청사 앞 어느 쪽이라 하더라도 풍수를 정략의 수단으로 사용해서는 안 된다. 그리고 특정 세력만의 전유물로 생각해서도 안 된다.

을 위한 도구로 사용하는 세태를 꼬집고자 하는 것이다. 그렇게 비난하는 정치인치고 풍수지리와 멀리 지낸 사람이 거의 없다는 것을 자부한다. 마스터님의 도움을 받은 정치인들과 사업가들을 보아왔기 때문에 당당하게 말할 수 있다. 풍수지리가 본격적으로 국내에 들어오면서부터, 풍수지리는 정치 세력과 언제나 끈끈한 관계를 유지해왔다. 집권하는 정치 세력의 정당성을 부여하기 위함이 컸지만, 풍수의 가치 자체를 가벼이 여길 수 없다는 것을 처음부터 알아왔던 것이다.

중국에서 들여온 풍수지리 고서「금낭경」과 관련된 떠돌아다니는 이야기를 하나 소개해볼까 한다. 중국 당나라의 황제인 현종은, 금낭경이 다른 사람의 손에 들어가는 것을 두려워했다. 금낭경을 통해서 다른 이들이 명당을 차지하여 새로운 황제가 되는 것이 두려웠던 것이다. 그리하여 묘안을 생각해냈다. 금낭경의 실제 내용과는 다르게 본문을 뒤섞어서 세상에 배포하도록 한 것이다. 그렇게 거짓으로 엮어진 금낭경이 현재 우리가 보고 있는 금낭경의 모습이라는 야사이다. 실제인지는 알 수 없지만, 원래는「장경」이라 불리던 책을 비단 주머니에 넣어서 보관했다는 사실 때문에「금낭경」으로 알려진 이야기만 보아도 그 책 속에 있는 가치를 높게 샀다는 것을 알 수 있다.

풍수지리가 거짓이라 말하는 사람들에게 꼭 하고 싶은 말이 있다. 이 땅에 발붙이지 않는 자가 있다면, 풍수지리를 비난해도 좋다는 것이다. 이성을 이야기하고 현실을 이야기하지만, 거대한 지구라는 유기체 속에서 인간은 100년도 못 살다가는 작은 세포와도 같다. 언젠가 가만히 책을 읽다 보면, 책 위를 과감하게 지나가는 티끌만 한 진드기를 본 적이 있을 것이다. 지구의 관점에서 보았을 때, 인간이 그러한 존재다. 그것을 받아들이고 보았을 때, 이 지구 속에서 어떻게 해야 잘 살아갈 수 있는지를 알 수 있는 거시적인 통찰은 풍수지리를 통해서만 가능한 일이다. 그러니 여기까지 책을 읽었다면 조금 더 긍정적이고 열린 마음으로 마지막 장까지 책을 읽어달라는 의미에서, 있어 보이는 인용구들을 늘어놓아 보았다. 이번 장을 통해서 이어지는 내용들은 모두 최근에 다녀온 고객 출장 사례들이다.

서재방을 내어준 아버지

강남에 있는 아파트에 감정을 갔을 때다. 사업을 하고 계신 50대 후반의 멋있는 신사분이셨다. 집을 구입하고 내부수리를 하던 중 우리 유튜브 채널을 접한 이후에, 집을 꼭 감정받아보아야겠다 생각이 들어 연락을 주셨다고 했다. 50평대의 아파트였고 위치가 전반적으로 좋은 곳이었다. 집 내부는 감정하러 간 날에도 공사가 진행되고 있었다. 안방을 제외하고 작은 방들이 있었는데, 현관 앞의 가장 큰 방을 사장님의 서재방으로 만들기 위해서 확장 공사를 하고 있었다. 그리고 안방 맞은편의 작은 방을 군대에서 전역하는 아들의 방으로 내어줄 계획이었다. 결과적으로 사장님의 계획은 수정이 필요했다. 작은 방은 사장님이, 큰 방은 아들이 써야 하는 구조였다.

정통 풍수지리의 원리상, 양택(사람이 사는 집)의 구조 분석은 8방위를 기준으로 이루어진다. 8방위는, 주역의 8괘 방위를 기본으로 한다. 어려운 이야기를 하지는 않겠다. 다만 기원에 대한 이야기를 하기 위해서 간단한 내용만 언급하려 한다. 주역은 작자미상의 유교 서적이다. 검색해보면, 유교의 경전이라 나와 있는데, 실제로 공자가 상당히 중요하게 여긴 책 중 하나이기도 하다. 주역에 나오는 8괘와 64괘를 통해서 모든 정치, 사회, 문화적인 해석이 가능하다. 단지 현대인의 지혜와 학식이 부족하여 점술서 정도로만 여겨질 뿐이다. 여덟 방위로 해석되는 주역의 원리에서 보았을 때, 서북쪽은 '늙은 아버지'를 상징한다. 아버지는 다 늙었다기보다는 문헌 그대로의 의미가 그렇다는 것이다. 쉽게 말해서 아버지가 앉아야 될 자리다. 아버지가 앉아야 될 자리에 아이가 앉으면 어른들로부터 버릇없다는 취급을 받기가 쉽다. 터의 원리에 대한 해석이 그러하니, 실제로 서북쪽에 자녀 방이 있다면 아이가 부모의 말을 듣지 않고, 심한 경우에는 탈선을 하게 되며 그것이 오래되면 아이의 성격으로 자리 잡게 된다.

집 구조 진단을 받은 분 중 한 분은 대구에 살고 계신 50대 주부였다. 여러 가지 삶도 팍팍했지만, 특히나 다 큰 아들 딸이 너

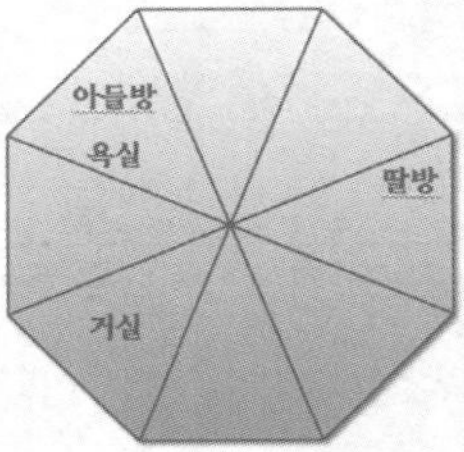

기타

현재 아들방과 욕실의 위치는 아버지의 위치를 상징하는 서북쪽에 있습니다.
이 위치에 자녀 방이 있다면, 전형적으로 자식들이 부모의 말을 듣지 않고 아버지의 위치에 있는 격이므로 자녀가 탈선하기 쉽습니다. 또한 그러한 자리에 흉한 것인 욕실이 위치해 있으니, 집에 송사가 일어나고 구설수에 휘말리기가 쉽습니다.

딸방의 경우에는 아들의 역할을 하는 방으로서, 딸이 거처하게 된다면 언행이 거칠어지기 쉽고 부모의 말을 잘 듣지 않게 됩니다.

거실의 위치는, "끊어짐"을 상징하는 방향에 있습니다. 그 곳의 기운 자체가 좋지 않기 때문에 그 곳에서 주무시는 것은 좋지 않습니다. 화합의 공간인 거실이 끊어지는 위치에 있어서 가족이 화합하기가 어렵습니다.

실제 집구조진단서 중 일부 내용이다. 정확히 자녀들의 방이 말을 듣지 않을 수 밖에 없는 방향에 위치해 있었던 집이다.

무나 속을 썩였고 지금은 직장이 생겨 집 밖에 있는 시간이 많아졌지만 10대 때 부모의 속을 많이 썩였다고 했다. 자녀가 말을 잘 안 들어서 속상하다는 느낌이 아니라, 진정으로 아이들 때문에 고생했다는 뉘앙스였다. 역시나 그 집을 들여다보니, 서북쪽에 자녀들의 방이 있었다. 물론 모두가 그렇지는 않다. 내가 10대를 보낸 방의 경우에도 서북쪽에 위치했다. 나의 부모님은 일부러 나의 기를 살려주고 크게 잘 되라는 의미에서 서북쪽을 내어준 것이었다. 서북쪽에서 지냈지만, 부모님과 함께 사는 10대 때에는 크게 반항한 일이 없었고, 서북쪽의 기운을 받아서인지 초중고 12년 내내 반장과 전교 회장을 맡기도 했다. 내 자랑이

실제 나의 방이다. 재택근무가 상용화되고 있는 지금의 시대에, 업무를 보는 방의 위치는 더욱 중요해졌다.

조금은 섞여 있지만, 자녀의 성향에 따라서 조금은 다를 수 있다는 것이다. 만약, 자녀가 유순하고 가족 간의 예의가 명확하다면 서북쪽에 있는 방을 내어주어 자녀의 기운을 더욱 키워줄 수 있다. 그게 아니라 자녀의 성격이 강하고 자신의 주장이 강하며 쉽게 말해 말썽을 부릴 여지가 있는 것 같다면, 서북쪽 방향의 방은 피하는 것이 좋다. 물론 대부분의 부모가 객관성을 가지고 자녀를 바라보기는 어렵다. 그렇지만 자녀의 미래를 위해서 우리 아이가 어떤 성격인지 명확하게 알아야 그에 맞는 교육과 지원을 할 수 있는 것이다.

코로나로 인해서 본격적으로 재택근무가 활성화되고 있다. 만일 집에서 업무를 보는 분들의 경우, 서북쪽에 방을 두거나 서북쪽 방향에 책상을 놓고 일을 본다면 업무의 효율을 높일 수 있다. 아버지의 방향이자 주인, 우두머리의 방향이기도 하기 때문이다. 사업장이든 집이든 동일하게 적용될 수 있는 원칙이다. 인간의 몸이 작동하는 원리가 우주와 같기 때문에, 인체를 소우주라 칭하기도 한다. 동쪽에서 뜬 해가 서쪽에서 기우는 세상의 원리가 인간이 살아가는 작은 공간에도 동일하게 적용되는 것이다. 그래서 아파트 단지 입지를 고를 때 적용되는 원리가 내가 사는 집에도 동일하게 적용될 수 있는 것이다.

유순하던 남편이 폭력남편이 된 까닭

판교에 사는 50대 주부의 이야기에서부터 시작해보려 한다. 차분한 목소리를 통해서 그간 바르게 살아온 그 분의 세월의 흔적이 느껴졌다. 그렇게 차분한 분의 삶이 지금 살고 있는 집으로 이사를 오면서부터 모든 게 뒤틀리기 시작했다. 살고 있는 집도 그렇고 여러 가지 집안 사정, 조상님 산소 문제가 뒤엉켜서 한 번에 나쁜 일들이 들이닥치기 시작한 것이다. 국내 굴지의 대기업에 다니고 있던 남편은, 누구나 승진이 예상되는 상황이었음에도 불구하고 그 자리에서 밀려나 회사를 나올 수밖에 없었다. 그전까지는 부부 사이에도 큰 문제가 없었는데, 이 집에 들어온 뒤부터는 남편이 유독 술과 가까이 지냈고 아내의 의견을 무시하는 습관이 생겨났다고 했다. 말로 옮길 수 없는 더 큰 일들도 있었음을 솔직하게 털어놓으셨다.

멀리있는 산의 모습이 너무나 웅장하다. 하지만 아무리 멋있는 산이라 하더라도, 나를 내려치는 흉기가 될 수 있다.

한쪽이 높으면 한쪽은 낮아야 모든 것이 순조롭게 흘러간다. 물줄기의 흐름, 기운의 흐름도 그렇다. 서북쪽에서 흘러 내려온 물줄기는 동남쪽으로 흘러내려야 하며, 만약 동남쪽이 높다면 물줄기는 제대로 흐르지 못하고 한 공간에 고여서 썩게 된다. 위에서 서북쪽은 아버지의 방위이고 지형적으로는 높아야 된다고 이야기를 했다. 아파트를 기준으로 했을 때, 보통 거실의 큰 베란다 쪽을 앞이라 칭한다. 집 한 가운데를 중심으로 놓았을 때, 앞쪽은 남쪽이라 볼 수 있다. 남쪽은 여성의 성격을 지닌다. 쉽게 생각해서, 여성의 방향이라 보면 된다. 그 여성의 방향이 나지막이 펼쳐져 있어야 하는데, 그 앞을 누군가가 가로막는다면 그 위세에 여성은 눌리게 된다. 남녀의 젠더적인 시선은 배제하고 이해하길 바란다. 앞이 높으면 높을수록 그늘은 짙어지고 여성은 더욱 억압받게 되는 것이다. 남편이 돌변한 이유는 이러한 지형적인 원인에서부터 비롯된 것이었다.

그 아파트의 경우 정확하게 큰 산이 앞을 가로막고 있었다. 가로막고 있는 산과 거주하는 아파트 동과의 거리에 따라서도 기운의 차이가 있는데, 그 집은 아주 가까이에 산이 솟아 있었다. 지금의 집 주인이 처음 그 집을 보러 갔을 때는 산이 너무나 잘 보이고 항상 녹음을 볼 수 있으리라 생각하며 그 집에 들어왔다고 했다. 하지만 무엇이든 적절한 위치에 있을 때 아름다운 법이다. 요즘, 도심에 아파트 구하는 것이 어려워지고 도심의 삶이 각박해지면서 일부러 자연을 찾아 들어가는 사람이 늘어났다. 역세권이 아니라 숲속에 있다고 하여 '숲세권', 산이 잘 보인다고 하여 '산뷰'라는 단어도 생겨나고 있다. 인간이 산을 잘 이용하면 큰 도움을 받을 수 있지만, 잘못 이용하면 크게 잘못될 수 있다. 우리 중 대부분의 경우 이 산의 무서움을 잘 모르고 살아간다. 그저 자연 속에 있으면 다 좋다 생각하여, 자연의 원리와는 정반대로 집을 짓고 살아가고 있다. 여러 가지로 안타까움이 많이 느껴지는 집이었다. 4계절이 변하듯, 인간의 전체적인 삶도 변화를 거듭한다. 아침에 눈을 뜬 나와 저녁에 눈을 감는 나는 분명 차이가 있다. 하지만 '나'라는 본질은 변하지 않는다. 이사를 하자마자 갑자기 돌변한 남편에게는 우리가 모를 더 많은 이유가 있었을 것이다. 지금쯤 의도치 않은 실수들에 뼈아픈 후회를 하고 있을지도 모른다. 그렇다 하더라도 지나간 일은 과거 속으로 미뤄 두어야 한다. 그로부터 깨닫게 된 뼈아픈 교훈만 지금으로 가져와 미래를 위한 거름으로 삼아야 할 것이다. 사람은 연약한 존재이기 때문에 내가 있는 공간만 바뀌어도 생각과 기분이 달라진다. 기분전환을 위해서 경치 좋은 곳을 찾는 것과 같다. 무언가 문제가 있다고 느껴진다면, 그리고 그 문제가 내가 사는 공간에서 비롯되는 것 같다면, 과감한 결단이 필요한 것이다.

남편 말을 잘 듣는 아내

실제 출장이 이루어지는 경우들을 볼 때, 묘와 관련하여 컨설팅을 요청하시는 분들은 주로 남성분들이다. 반대로, 살고 있는 집과 관련하여 컨설팅을 요청하시는 경우에는 거의 대부분 여성분들이다. 남성분들이 집에 대해서 궁금해하는 경우는 극히 드물다. 집과 관련된 일이 가벼운 일은 아니기 때문에 아내 혼자서 독단적으로 진행하기 어려운 경우가 많지만, 과감한 결단을 내려 컨설팅을 진행하는 경우들도 많다. 남편들은 마지못해 아내의 요구에 순응하지만, 현장에서 처음 대면할 때 남편들은 대개 삐딱한 시선으로 보는 경우가 많다. 물론, 감정을 마치고 집을 나설 때는 태도가 달라진다. 요즘같이 젠더 갈등이 극심한 때에 남성과 여성을 나누는 말을 하는 것만으로도 조심스럽다. 하지만, 내가 경험상으로 느낀 바를 바탕으로 이야기하는

경북 출장 현장 사진 정확히 앞 동의 모서리가 보인다. 나를 향하는 흉한 기운이 되어 나의 집을 공격하는 모양인 것이다.

것이니 사회적인 개념은 배제해주었으면 한다.

경북 지역에 사는 50대 초반 맞벌이 부부의 사연이다. 이번에도 아내 분께서 전화를 주셨는데, 이미 유튜브 영상들을 충분히 보고 컨설팅을 진행하기로 결정한 터라 금방금방 일이 진행됐다. 현장에 도착했을 때 남편도 집에 함께 있었다. 지금 살고 있는 집을 처음 보러 왔을 때, 아내는 그 집이 크게 마음에 들지 않았다. 집의 높이는 거의 탑층에 가까웠다. 남편은 아내를 유독 아끼는 성격이었지만 그 집에 대해서는 고집을 부렸다고 했다. 두 사람 모두 서로를 배려하는 성격이었지만, 집을 결정하는 순간에는 아내가 남편의 의견을 따르기로 한 것이다. 그렇게 배려를 한 것이 안타깝게도 불편한 결과를 초래했다. 같은 땅 위에서 같은 비를 맞아도 더 자라는 나무가 있듯이, 같은 집에 살아도 괜찮은 사람이 있고 유독 힘든 사람이 있다. 그 집은 아내를 불편하게 하는 집이었다. 그 집의 가장 큰 문제는 바로 수맥이었다. 아파트 단지 중에서 그 동이 유독 수맥이 강한 곳이었다. 아내는 처음 그 집을 돌아봤을 때 이미 수맥의 불편함을 체감했었다. 단지 그것이 수맥 때문이라는 것을 알지 못했을 뿐이다. 그 집에 들어와서 1년 가까이 지내며 거의 하루도 잠을 제대로 잔 적이 없다고 했다. 안방의 침대 배치도 좋지 않았다. 눈을 뜨고 고개를 들면 바로 안방 화장실이 보였고, 머리 방향도 북쪽을 향하고 있었다.

앞에서도 이야기했지만, 수맥은 땅속 깊은 곳에서부터 올라오는 물기운의 파장이라고 생각하면 된다. 수맥 탐지를 전문으로 하는 분들도 있는 것으로 알고 있다. 비싼 비용을 들여서 수맥을 차단하는 경우가 많은데, 이런 경우에는 여러 번 언급했듯이 엉터리인 경우가 많다. 주변의 산세만 잘 살피면 육안으로도 수맥을 확인할 수 있는 경우가 있으며, 많은 경험을 통해서 파장의 기운을 체감으로 느낄 수도 있다. 그러한 능력을 일반인이 갖추기에는 어려움이 있다. 그렇다 보니 전문가를 찾지만, 기구를 가져와서 이리저리 찾아내려 하니, 그 모습을 보면 안타까울 때가 많다. 그러면 안 되는데 말이다. 만약 내가 잠자리가 불편하거나 이것이 수맥일지 모른다고 느껴진다면, 매트리스 아래에 은박 돗자리를 몇 장 깔고 잠을 자면 수맥이 어느 정도 차단이 된다. 수맥의 원리를 조금 더 이야기하자면, 수맥은 지기와는 달리 아주 강력하다. 지기는 바람에 의해서 쉽게 흩어진다고 했다. 하지만 수맥은 아파트 꼭대기 층에도 영향을 미치고 심지어 떠다니는 비행기에도 영향을 미치니 사람이 버텨내기가 어려운 것이다. 침대 아래와 주방 아래에는 필히 은박돗자리 혹은 동판을 통해서 수맥을 차단하는 것이 좋다.

이런 사례들을 보면서 느끼는 점은, 아내들의 예감이 맞을 때가 많다는 것이다. 상당히 높은 경우의 수로 말이다. 좋지 않은 집일 경우, 보통 아내가 처음으로 반대하지만, 남편의 주장으로 들어가서 살게 되는 경우가 많은 것이다. 다시 말하지만 젠더 갈등과는 거리가 멀다. 남편이든 아내이든 간에, 두 사람 중 평소 더 감각이 발달한 사람이 있을 것이다. 가족은 모두가 함께

경북 출장 현장 사진 편안해보이는 공간이지만, 실제 터의 기운은 절대 편하지 않은 곳이다. 아늑해야 할 공간에서 불편함을 느낄 때 무엇이 원인인지 고민해봐야 한다.

잘 돼야 한다. 설령 부모가 사업이 너무나 번창한다고 하더라도 자녀가 속을 썩이거나 어떤 문제가 발생한다면 그러한 가족은 행복하기가 어렵다. 명당과 흉지는 한 발짝 사이로 구분이 되기도 한다. 우리가 살아가는 삶도 똑같다. 같은 집에서 항상 살을 맞대고 지낸다고 하더라도 누군가는 그 집에서 너무나 불행할 수 있는 것이다. 조심해서 나쁠 것이 없다. 특히 집과 관련해서는 말이다. 인생에 있어서 가장 큰돈이 투입되는 것이 부동산 거래다. 금전적인 부분도 그렇고, 가족의 운 적인 측면에서도 동일하다. 그러니, 어느 한쪽의 말을 무조건 듣자가 아니라 가족 모두가 어떻게 생각하는지 신중하게 고민하는 것이 가장 중요하다. 마음에 드는 집을 보고 나면, 오늘 당장 그 집을 사지 않으면 그 사이에 누군가가 가로챌 것 같은 기분이 든다. 그러한 마음은 조바심이다. 설령 내가 고민하는 사이에 다른 사람이 그 집을 매입했다고 하자. 그것은 내 집이 아닌 것이다. 나와 인연이 아닌 것이다. 어차피 아닌 인연은 과감히 떠나보내는 것이 현명하다.

세 아들의 엄마, 새로운 곳에서 새 출발

부산 지역에 감정을 간 사례다. 처음 연락받았을 때, 자녀 중 하나가 학교폭력을 당하여 이사를 가야하는 상황이라고 하였다. 우선 이사 방향부터 진단받았다. 그리고 몇 개월 후 집을 정하게 되었다고 하면서, 입주하기 전에 집에 대한 감정을 받고 싶다고 하셨다. 사실 이사 방향과 택일의 경우, 마스터님의 대외적인 인지도도 있고 개인적으로도 외부의 시선이 느껴지는 것이 싫어서 우리 채널을 통해서 서비스를 제공하고 싶지 않았다. 그럼에도 불구하고, 이사 방향과 택일 모두 터와 관련된 일. 거의 모든 일반인이 사주하시는 분들이나 철학관을 통해서 쉽게 이사 방향과 택일을 받아서 살아가곤 한다. 그렇게 됐을 때, 큰 화를 입을 수도 있다는 것이 문제다. 실제 사례로는, 좋지 않은 곳으로 이사 가는 것과 더불어서 잘못된 이삿날에 이사해서 갑자기 부인이 죽게 된 경우도 있었다. 가장 중요한 것은 내가 살아야 할 집터와 집 구조지만, 잘못된 날을 선택하거나 좋지 않은 방향으로 이사를 하게 된다면, 다 된 밥에 코 빠트리는 격이 될 수 있다. 그렇게 잘못된 방향이나 잘못된 날을 정하게 됐을 때, 그 나쁜 영향이 오래가지는 않으나, 위에서 말한 사례처럼 최악의 경우가 발생할 수가 있는 것이다. 그러니 이왕이면, 풍수를 오래도록 해온 전문가를 통해서 방향과 택일을 정하는 것이 조금이라도 새로운 곳에서 좋은 운을 더 잘 받을 수 있는 방법이다.

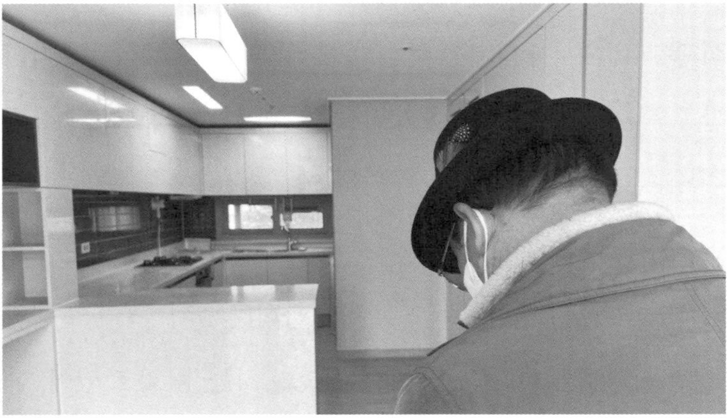

출장 현장 사진 내부는 큰 문제가 없었으나 동의 위치가 안타까웠다. 돌다리를 건너듯 집을 찾는 모든 과정이 조심스러울수록 삶이 편안해진다.

이분 같은 경우에는, 이사 방향과 이사 택일까지는 문의하였으나, 안타깝게도 집을 계약한 이후에 연락을 준 것이다. 어차피 감정을 받기로 마음을 먹었다면 집을 계약하기 전에 연락을 주는 것이 더 좋았을 것이다. 현장에 가보니, 동의 위치가 조금 아쉬웠다. 전반적으로 지형이 험한 해당 지역의 특성상, 동의 위치마다 지형에 따른 입지 차이가 컸다. 계약한 그 집보다는 바로 옆 동의 위치가 더 안정적이었다. 이처럼 한 아파트 단지 내에서도 그 길흉의 차이는 명확하다. 만약 10개 동으로 구성된 아파트 단지가 있다면, 그 한 단지 안에서도 풍수적인 입지 분석을 해볼 수가 있는 것이다. 앞에서 이야기했던 기본적인 지형과 관련된 내용을 조금 더 좁은 차원에서, 즉 아파트 단지 내의 동 사이에서도 구분을 해볼 수 있다. 도로 쪽보다는 조금 더 안쪽을, 외곽보다는 중심으로, 그리고 파여진 지역보다는, 살짝 솟아오른 동을 선택하여 들어가는 것이 전반적으로 더 큰 운을 받을 수 있다.

요즘은 타워형 아파트가 많아서 특히나 동과 동 간의 배치를 잘 파악해야 한다. 만약 내가 살고자 하는 동 바로 앞에, 다른 동의 모서리가 바로 보인다거나, 뾰족한 지형지물이 바로 가까이에 위치한다면 그 동은 피하는 것이 좋다. 맞은편에 보이는 뾰족한 모양으로 인해서 내가 사는 집을 공격하는 형태가 되기 때문이다. 이를 풍수 용어로, '충살'이라고 한다. 예전에 지어진 아파트들에는 충살이 잘 나타나지 않는다. 하지만 요즘 지어지는 아파트 단지에는, 최소한 두 동 이상은 충살의 형태가 나타나고 있어서 큰 문제가 된다. 여기서 의문을 제기하는 사람이 있을 것이다. 그렇다면, 같은 라인에 사는 사람은 다 동일하게 영향을 받는다는 말인가? 앞에서도 이야기한 적이 있지만, 같은 비를 맞고도 더 자라는 나무가 있고 덜 자라는 나무가 있다. 같은 기운을 받는 아파트 라인에 위치한다고 하더라도 그 집에 사

경기도 출장 현장 사진 요즘 지어지는 아파트들은 대부분 타워형으로 지어지기 때문에, 충살을 맞는 동이 많아졌다. 이러한 집에 살면 주변에 적이 많아진다.

는 개인의 운에 따라서 그 영향을 더 받고 덜 받고의 차이는 있다. 거기에 더해서 집 구조를 변경하지는 않았는지, 층수는 어떠한지에 따라서 세분화되니, 결국 같은 라인에 살아도 집집마다 운의 모양새가 달라진다고 볼 수 있는 것이다. 만약 충살로 인한 해를 바로 입게 됐을 때 대표적인 특징으로는, 하는 일이 될 듯 말 듯 하면서 결국에는 이루어지지 않거나, 주변에 갑자기 적이 많아지는 형식이 되는 것이다. 집과 나는 유기적으로 연결되어 있다. 내가 사는 집이 공격받으니, 나의 삶도 함께 공격받는 것이다.

다행히 그 가족이 살게 될 집은 구조적으로는 큰 문제가 없었다. 자가로 들어가는 것이 아니니, 2년 정도 살다가 근처에 위치가 괜찮은 동으로 옮겨가면 될 것이라 생각했다. 집집마다 아픔이 없는 집이 없다. 그럼에도 불구하고 아픔을 딛고 살아가야 된다는 것이 인간의 숙명이다. 그 아픈 숙명을 이왕이면 덜 아프게 지나가는 것이 좋지 않겠는가. 그러니 내가 거주하는 문제와 관련하여서는 신중하게 차근차근 밟아나가도록 하자.

재물운을 높이는 방법

모두가 좋아하는 재물운에 대한 이야기다. 유튜브 컨텐츠를 만드는 입장에서, 사람들이 가장 유입이 잘 되는 단어 중 하나가, 바로 재물운이다. 재물, 부자, 돈 버는 법 등 돈과 관련된 제목만 들어가도 조회수가 급증하는 경우가 많다. 풍수지리는 미신이라 하면서, 재물운을 키울 수 있는 법에는 관심이 많다.

앞에서 서북쪽은 아버지, 권위, 사장, 주인의 방향임을 이야기한 적이 있다. 서쪽도 특별한 의미가 있는데, 바로 재물운과 관련된 것이다. 여덟 방위의 의미에서 볼 때, 서쪽은 오행 중 '금'을 상징하며 숫자 4와 9, 그리고 막내딸을 의미한다. 귀금속 중에서 우리가 가장 좋아하는 것 중 하나가 금이다. 왜 우리는 강렬한 노란빛을 띤 금속을 좋아하게 된 것일까. 어쩌면 여덟 방위로 나누어지는 세상의 이치에서 볼 때, 본능적으로 금을 좋아한 것이 아닐까 하는 생각도 든다. 그래서인지는 몰라도 노란색도 재물운과 관련이 높은 색이다. 재물운을 높이기 위해서는 지금까지 나열한 내용을 잘 기억하고 집에 적용한다면 풍수적으로 큰 도움을 받을 수 있다.

어느 집에 살더라도, 서쪽은 언제나 재물운을 관장하는 공간이라 생각하면 된다. 그래서 우리 집에서 서쪽에 있는 공간은 항상 깨끗하게 관리하고 사용한다면 재물운을 빠르게 상승시킬 수 있다. 예전에 살던 주택에서 있었던 일이다. 원활하지 못한 경제 상황 때문에, 무엇이라도 해보아야겠다는 심정으로 부모님께서 노란색 페인트 한 통을 사 오셨다. 그 집의 서쪽에는 정확히 창고문이 있었는데 그 창고문에다가 노란색 페인트칠을 해놓으셨다. 그 덕분인지는 모르겠지만, 뜻하지 않은 재물이 들어왔던 적이 있었다. 그렇다면, 어느 집이건 서쪽을 완전 노랗게 꾸미게 됐을 때 모두 돈이 생겨날까? 물론 그건 아니지 않겠는가. 실질적으로 돈을 벌기 위한 노력을 충분히 기울인 후에 터로 인한 도움도 받을 수 있도록 최선을 다하는 노력이 뒷받침된다면 일이 더 잘 풀릴 수 있다는 것이다. 한때, 과할 정도로 유행했던 책이 있었다. 그 책의 내용은, 우주의 모든 기운을 끌어올 수 있는 주문을 내가 매일 되뇌면 실제로 그 일이 이루어진다는 것이었다. 언뜻 생각해보면 말도 안 되는 것 같지만, 모두 홀린 사람처럼 그 책을 보고 따라 하는 사람들이 생겨나고 실제로 그렇게 해서 하던 일이 잘 풀려나갔다는 사람들도 있었다. "서쪽을 노랗게 칠한다면 돈이 들어올 것이야"라고 생각하는 것과, "우주의 기운을 지금 끌어올 수 있도록 마음으로 주문을 하면 모든 일이 잘 이루어질 것이야"라고 하는 것 중 어느 것이 더 말이 안 되는가? 내가 보기에는 '오십보백보', '도찐개찐'이다. 오히려 마음속으로만 생각하는 것보다, 무엇이든 실행으로 옮기는 것이 더 큰 힘을 발휘할 수 있다. 후자는 내 마음속에 있는 '공간'만을 풍요롭게 하고자 하는 의지의 표출이었고, 전자는 내 마음속의 '공간'과 더불어 내 현실 속의 '공간'도 풍요롭게 하고자 하는 의지의 표출이니 오히려, 서쪽벽에 노란색 페인트칠을 하는 것이 운적으로 더 큰 도움을 받을 수 있지 않을까.

이렇듯 서쪽이라는 공간에 공을 들인다면 큰 도움을 받을 수 있다. 이러한 내용을 바탕으로 했을 때, 집 내부에 서쪽에 화장실이 있다면 그 집은 돈이 모이기 어려운 구조라고 할 수 있다. 그 원리는 무엇일까? 여기에서는 수학의 이론을 대입해볼 수 있다. 풍수의 음양에 대한 이론은 수학에서도 찾아볼 수 있는데, 그것이 바로 음수와 양수다. 그중에서 음수와 음수가 만나면 양수가 되어버리는 내용이 있다. 여러분들도 잘 알다시피, 모든 세상의 현상들은 수학으로 풀어낼 수 있을 만큼, 수학의 힘은 강력하다. 내가 고등학교에 다닐 때 그 당시 수학 선생님이 미적분을 통해서 담배 연기가 피어오르는 것을 표현해낼 수 있다 말씀하셨다. 영화 〈이상한 나라의 수학자〉에서도 보면, 영화 인트로 부분에서 모든 현상들을 수식으로 표현하는 장면들이 나온다. 논리정연하다고 할 수 있는 그 수학도 결국 음양의 이론 속에서 존재하는 하나의 분야에 불과하다. 음수와 음수가 만나 양수가 된다는 것을 풍수에 대입하여 보자. 서쪽은 우리에게 재물운을 가져다주는 좋은 방향이기 때문에 양의 성격을 띤다. 화장실은 인체의 노폐물을 다 받아내는 곳이기 때문에 음의 성격을 띈다. 양과 음이 만나면, 양은 음의 기운을 온전히 다 받아내야 한다. 즉 양은 음의 크기만큼 손실을 입게 되는 것이다. 그럼 이 음의 공간은 집 안에서 어디에 배치되어야 하는가. 양택의 이론에 따라서 각 집마다 좋은 공간, 좋지 않은 공간으로 분류되는데 그 내용을 깊이 들어가기에는 지면이 부족하니 언젠가 새로운 책을 통해서 소개할 수 있도록 하겠다. 우리가 지금 당장 알아야 할 것은, 부정한 요소를 지닌 화장실은 집 안에서 부정한 위치에 배치되어야 그 나쁜 기운을 억누를 수 있다. 그러니 서쪽은 좋은 공간이니 화장실이 없는 것이 좋다는 것을 명확히 인식해두자. 만약 우리 집의 서쪽에 정확히 화장실이 있다면, 최대한 깔끔하게 사용하고 밝게 인테리어를 하는 것이 좋다. 나쁜 운이 쌓이기 좋은 화장실이라 하더라도 집주인이 깔끔하게 사용하고 관리한다면 나쁜 운이 범접하는 것이 어려워진다.

재물운과 관련된 모든 풍수적인 요소들은 밥상을 차리는 것과 같다. 그 밥을 먹어야 의미가 있는데 그 밥을 먹는 행위는 '내'가 직접 해야 한다. 아무리 맛있는 밥상이 차려져 있다고 하더라도 밥을 먹지 않는다면 그것은 의미가 없는 것이다. 재물운을 갖출 수 있는 모든 요소와 심지어 사주팔자까지 뒷받침되고 조상 산소가 좋아 물려받을 재산이 많다고 하더라도 내가 그러한 돈을 가질 수 있는 자격이 되지 않는다면 운은 떠나기 마련이다. 망나니로 살아도 잘 살던데요? 세상의 이치가 칼로 자른 듯이 그리고 내가 원하는 대로 흘러가지는 않는다. 하지만 큰 시계추가 언젠가 기울어질 때는 뒤집어진 것들이 바로 잡히게 되어 있으니, 우리는 다른 사람을 신경 쓸 것 없이 나의 삶을 바로 살아가면 될 일이다. 그러다 보면 어느새 현실적으로도 부자, 마음으로도 부자가 되어 있을 것이다.

해바라기 액자, 풍수 인테리어 어디까지 믿어야 할까

사실, 해바라기 액자와 풍수 인테리어라는 소재만 활용해도 책 몇 권 분량이 나올 수 있다. 현재 풍수 인테리어 강의도 진행하고 있는데, 그 내용이 생각보다 광범위하다. 시중에 나와 있는 거의 모든 책과 강의, 컨텐츠들을 정리해보았다. 풍수 인테리어 정보들의 가장 큰 문제는 단순히 좋다 안 좋다로만 이야기를 한다는 것이다. 그것도 그럴 것이 정보를 생산해내는 사람들도 그 원인을 정확히 모르기 때문이다. 아무리 많은 내용이 있다고 하더라도 알맹이가 없으면 아무런 의미가 없다. 내용 전체를 아우를 수 있는 기본 개념을 배우는 것이 우선이다. 작년에 한 방송국 피디가 문의해온 적이 있었다. 대화를 하던 중, 피디도 컨텐츠 제작을 위해 상당 부분 풍수지리를 공부했다고 했다. 실제로 여러 가지 많은 것들을 알고 계셨지만, 단편적인 지식에 불과했다. 이렇듯 우리가 풍수지리에 대해서 관심을 가지면서 단편적인 내용을 습득하지만, 이것이 진정으로 효과를 발휘하기 위해서는 풍수지리 전반에 대한 개념과 철학적인 이해도를 높여야 한다.

여러분들이 좋아할 만한 풍수 인테리어 꿀팁은 끝나가는 무렵에 다룰 예정이니, 조금만 참고 기본개념부터 잡아가 보자. 풍수 인테리어는 현재 해외를 통해서 더욱 활발하게 연구되고 활성화되고 있다. 일본과 홍콩뿐만 아니라, 서양에서도 마찬가지다. 미국 백악관에서 클린턴이 대통령으로 재임하던 시절, 집무실과 관련하여 풍수자문을 받았다는 것은 공공연하게 알려진 사실이다. 한국의 경우에는, 풍수 인테리어는 하나의 '비보풍수'의 개념으로 보는 것이 맞다. '비보'란, 모자라거나 부족한 것을 채운다는 사전적인 의미를 가진다. 조선의 궁궐터는 화기로 가득하기 때문에 해태상을 가져다 놓고 화기를 막았던 것도 그러한 의미다. 하지만, 경복궁은 끊임없이 화재로 불타올랐다. 사전적인 의미대로 모자라거나 부족한 부분을 채우는 것은 보충한다는 의미다. 보충은 본질을 변화시킬 수 없다. 하지만 우리는 편리한 쪽으로 생각이 기울도록 머리가 구조화되어 있다. 풍수지리를 직업으로 하는 사람들이 이러한 심리를 이용하는 구조가 많다. 마치 집 안에서 액자 하나를 걸어두면, 재물운이 쏟아질 것처럼 이야기한다. 근본적인 터의 문제도 작은 소품 하나로 이용할 것처럼 하여, 상업적인 방법으로 이용하는 것이다. 상품을 판매함에 있어서 어느 정도의 과장은 법에도 저촉되지 않는 정당한 기술이다. 하지만 그 과정이 지나치면 불법이라고 할 수 있다. 마치 화장품 하나를 바르면 얼굴이 연예인처럼 변한다는 것과 같다.

경주에 있는 한 아파트에 출장을 갔을 때였다. 거실도 그렇고 안방도 그렇고 창문 앞마다 거북이를 놓아둔 것이 유독 눈에

실제 출장 사진 작은 거북이 하나가 앞 동이 가로막는 기운을 상쇄해줄 수 있을까?

띄었다. 알고 보니, 2년 전에 지금도 활동하고 있는 풍수지리 유튜버를 통해서 전화로 상담받았다고 한다. 앞에서 이미 여러번 언급하였다. 지도를 통해서는 지형에 대한 분석을 할 수 없으며, 사주를 기본 베이스로 하는 사람들은 집 구조에 대한 해석을 특별(?)하게 해내는 능력이 있다. 그 분석 내용만을 믿고 2년을 살았으니, 하는 일마다 이상할 만큼 제대로 결실을 이루지 못했던 것이다. 그 집은 지형적으로도 구조적으로도 변화를 줄 수 없을 만큼 좋지 않은 곳이었다. 참으면서 살다가 이건 아니다 싶어서 우리에게 연락해온 것이었다. 그 집은 이사를 하는 것이 가장 효율적이고 빠른 해결책이었다. 다행히 그 고객은 우리의 말을 신뢰했고, 곧바로 새로운 집을 구하기 위해서 처음부터 컨설팅받아 모든 것을 진행했다. 이제는 집에서 평안하게 잘 지내고, 직장과 생활하는 데에 있어서 예전보다 좋아졌음을 확실히 느낀다고 말씀해주셨다.

이런 사례들을 통해 편리하고자 하는 욕망이 인간의 이성을 무기력하게 만든다는 것을 오래도록 체감해 오고 있다. 차라리 처음부터 부정하고 살면 모를까, 이렇게 풍수지리에 관심을 가지는 사람들이 피해를 입는 것이 너무나 안타깝다. 만약 2년 전에 우리를 만나 이사를 진행했다면, 지금의 삶보다 훨씬 많은 이득을 얻게 되었을 것이다. 더 좋은 입지의 아파트를 통해 얻게 되는 아파트 가격의 상승과, 하는 일들이 잘 풀림으로 인해서 얻게 되는 업무적인 성과 모두 금전적으로 환산한다면 엄청난 이익인 것이다. 그저, 지금 당장 이사를 해야 하니 여러 가지 현실적인 부분들이 장애물처럼 느껴지는 것이다. 그리고 해바라기 액자 하나 걸어두고는 하는 일이 다 해결되기를 바라게 된다. 풍수 인테리어의 중요성을 부정하는 것이 아니다. 분명 풍수 인테리어만의 역할이 있고 그것으로 인해 효과를 볼 수 있다. 그 풍수 인테리어의 효과는 집의 기본적인 토대가 제대로 갖추어졌을 때 의미가 있는 것이다. 이러한 기본적인 개념과 풍수 인테리어의 효용에 대해서 생각을 한 이후에 우리의 삶에 적용하는 것이 가장 바람직하다. 아래에는 풍수의 근본 원리에 부합하면서도 중요한 것들, 그리고 쉽게 적용할 수 있는 풍수 인테리어 요소 8가지 소개하려 한다. 아래 내용들을 보고 집 안에 접목하여 지내다 보면 효과를 볼 수 있을 것이다.

첫째, 우리 집의 모든 운은 현관을 통해 들어온다. 현관은 언제나 청결해야 한다. 문을 열자마자 거울이 보이는 것은, 들어오는 운이 달아나는 것을 의미한다. 사람의 첫인상처럼 집의 첫인상도 중요하다. 그러니 세부적인 것은 더 이야기할 것도 없이 청결하고 밝고 향긋하게 꾸미도록 하자.

둘째, 내가 사는 집에서 주방의 의미는, 집에 사는 사람의 에너지를 공급하는 공장과도 같다. 주방에서 만들어지는 음식, 주방에서 먹는 밥을 통해서 우리의 동력을 얻는다. 그렇기 때문에 가장 중요한 것이 가스레인지 관리다. 인덕션이라 하더라도 마찬가지다. 특별히 청결에 더욱 신경 쓰도록 하자. 그리고 음식을 만드는 공간은 그 어떤 공간보다 깔끔해야 하기 때문에 휴지통과 음식물 쓰레기는 과하다 싶을 만큼 자주 정리하도록 하자.

셋째, 안방은 집 안에서 가장 은밀한 공간이어야 한다. 그리고 순수한 공간이어야 한다. 순수한 이에게 과한 장신구는 어울리지 않는다. 최대한 깔끔한 컨디션을 유지하자. 굳이 액자를 둘 필요도 없다. 조명은 은은한 스탠드 하나 가져다 두는 것이면 족하다. 밖에서 입고 들어온 옷은 침대 위에 올려두지 말고 옷장 안에 바로바로 보관하도록 하자.

넷째, 모든 인테리어 소품과 색은 조화로운 것이 좋다. 개인적인 취향의 차이가 있겠지만 지나치게 튀는 것은 언제나 충돌을 야기할 수 있다는 점을 기억해두는 것이 좋다. 액자는 깔끔한 정물이나 풍경이 좋지만, 개인적으로 요란하거나 난해한 추상화를 좋아할 수도 있을 것이다. 그렇다 하더라도 주변의 환경이 난해할 때 아름다움을 느낄 수 있을지를 생각해보고 집 안에도 적용하도록 하자.

다섯째, 공부하고자 한다면 동쪽에 있는 공간으로, 사업을 하고자 한다면 서북쪽에 있는 공간으로 책상을 배치하도록 한다. 동쪽은 떠오르는 태양의 힘과 기운을 받는 방향이며, 서북쪽은 한자리에서 최고의 자리에 오르는 힘을 받을 수 있는 방향이다.

여섯째, 식물에 대해서는 기본적으로 많은 분이 잘 알고 계신다. 뾰족한 잎은 충살을 의미하므로 넓은 잎을 가진 관엽수가 운적으로 좋다. 보통 금전수도 많이 키우지만, 관리에 어려움이 있기 때문에 초보자들은 주의하는 것이 좋다. 돈 들어오라는 나무가 갑자기 죽어버리면 괜히 마음이 불편해지는 경험을 할 수 있기 때문이다.

일곱째, 집 안의 운을 키운다는 목적을 가진 특정한 도구, 예를 들어 거북이나 두꺼비 형태 같은 것에 현혹되지 말자. 차라리 내가 좋아하는 오브제를 살지언정 그런 말에 현혹되어 비싼 돈을 들일 필요가 없다.

여덟째, 풍수 인테리어의 가장 핵심은 공간과의 교감이다. 언제나 집을 들고 나설 때, 집에게 인사를 하도록 하자. 혼자 너무 많은 대화를 하면 자칫 이상하게 보일 수 있으니 적당한 정도로만 소통하자. 그리고 자주 관심을 가지면서 애정을 주다보면 집도 나에게 큰 보답을 해줄 것이다. 이것이 풍수 인테리어의 핵심이다.

해마다 머리 방향을 바꾸세요

"2022년에 87년생의 머리 방향은 북쪽입니다."

풍수지리와 관련된 유튜브 컨텐츠 중에서 침실과 관련된 소재는, 풍수지리를 주제로 삼고 있는 유튜버들에게 효자 컨텐츠 중 하나다. 그만큼 높은 조회수를 얻을 수 있는 언제나 뜨거운 키워드이기 때문이다. 그중에서, 위와 같은 제목을 쉽게 접할 수 있다. 해당 컨텐츠들을 들여다보면, 사람마다 정해진 침대 머리 방향이 있다는 것이다. 그리고 그 침대 머리 방향은 해마다 좋은 방향이 다르기 때문에, 해마다 머리 방향을 달리하는 것이 좋다고 한다. 해당 영상의 댓글들을 보면 많은 사람이 그 내용에 감탄하며 오늘부터 당장 적용하겠다는 반응을 보이고 있다. 풍수지리를 미신으로 만드는 요인은 여러 가지다. 가장 큰 요소는,

이러한 거짓 정보들을 만들어내는 사람이며, 다른 하나는 이런 거짓 정보를 무턱대고 믿는 사람들이다. 풍수지리에 대해서 잘 모르니 속을 수밖에 없지 않냐고 할 수도 있다. 물론 맞는 말이다. 모르니 속겠지만, 몰라도 너무 모른다는 것이 문제다. 풍수지리에서 언급하는 자연의 원리는 우리가 바라보는 세상에서 다 확인할 수 있는 것들이다. 해마다 머리를 바꾸며 살아가는 인간이 잘살았다는 사례를 들어본 적은 없을 것이다. 이런 잘못된 지식을 당연하다는 듯이 이야기하는 사람들의 내용적인 근거는, 사주풀이다. 사주풀이를 베이스로 시작하여 살아온 사람들이 풍수지리를 컨텐츠로 곁들여서 하다 보니 이러한 우가 발생하는 것이다. 해당 영상은 몇백만 조회수를 기록했다. 사실, 이런 사람들은 풍수지리를 언급하고 업으로 삼아서는 안 된다. 이렇게 강하게 이야기하는 이유는 지금까지 책을 읽어온 이들은 잘 알 것이다. 그리고 공감할 것이라 생각한다.

위에서 언급한 이야기와 유사한 컨텐츠를 담은 영상을 내가 운영하는 채널에 올려놓았다. 얼마 후 해당 영상에 이런 댓글이 달렸다.

"사주와 관상, 모두 우리가 알아야 할 내용인데 다 같이 잘 살아야 하는 게 아닌가요?"

아마도 사주와 관상을 업으로 하고 계신 분이 작성한 것이라 짐작한다. 맞는 말씀이다. 다 잘 살아야 한다. 하지만 올바른 방향으로 나아갈 수 있을 때의 이야기다. 바르지 않은 길은 일찌감치 접어버리고 맞는 길로 돌아가야 하는 것이다.

우리가 풍수와 관련하여 머리 방향을 고려할 때, 딱 두 가지만 생각하면 된다. '남장북단'과 '동부서빈'이다. 인간의 역사가 시작될 무렵, 옛 선인들은 인간의 8방위를 정해 놓았다. 우리는 그 정해진 여덟 방위에 맞추어 살아가고 있다. 여덟 방위의 원칙은 앞으로도 변함이 없을 것이다. 침대 머리 방향의 대원칙 첫 번째부터 설명해보자면, 예로부터 남쪽에 머리를 두면 오래 살고 북쪽에 머리를 두면 단명한다고 하였다. 사람이 죽었을 때, '북망산천'으로 떠났다는 말을 쉽게 인용하곤 한다. 전통 장례법에 의하면 죽은 사람은 북쪽으로 머리를 놓이게 했다. 한편으로 북쪽은 주역에서 나온 8방위 중 물을 의미하기도 한다. 끝을 의미하기도 하며, 그와 더불어 새로운 시작을 함께 내포하는 것이다. 인간이 태어나고 자라나는 곳은 산부인과가 아니다. 바로 어머니의 양수 속에서 보호받으며 자라나는 것이다. 그러니 인간의 기원은 오행 중 하나인 '물'이다. 물에서 나고 자란 인간이 죽을 때가 되면, 물의 방향인 북쪽으로 떠난다는 것이다. 그리하여 산 사람은 굳이 북쪽으로 머리를 두지 않는 것이 맞다. 북쪽이 아니라 남쪽으로 머리를 두었을 때, 편안한 잠자리를 유지할 수 있는 것이다. 두 번째 대원칙인 '동부서빈'으로 넘어가자. 태양이 뜨고 짐에 따라 인간의 삶은 활동과 휴식으로 나누어진다. 살아있는 인간은 동쪽을 바라보며 하루를 시작한다. 운의 측면에서 보았을 때, 동쪽은 하루가 시작되는 방향이기 때문에 가장 많은 기운이 모이는 방향이기도 하다. 기운이 가득한 곳에서 하루를 시작하니, 시작하는 이에게는 활동에 대한 보답이 주어진다. 예로부터 봄이 시작되는 입춘일에 '개문만복래, 소지황금출'을 대문에 붙이고 한 해를 시작하는 것과도 일맥상통한다. 문을 열고 하루를 시작하는 이에게는 복이 들어오고, 아침부터 마당을 쓸면서 집안을 정돈하니 재물운이 집안으로 굴러들어오는 것이다. 다른 것들은 미신으로 여기지만, 재물운에 대한 것은 우리 모두 진실이라 믿고 싶어 할 것이다. 이러한 의미로서 동쪽으로 머리를 두면 부자가 된다고 하는 것이다.

그러니 지금 당장 집 안의 침대 머리 방향을 체크해보자. 위에서 말한 이야기들도 결국 의미를 부여한 것뿐이니 미신이 아니냐고 할 수도 있겠지만, 생각보다 높은 확률로 들어맞는다는 것을 수많은 고객 사례들을 통해 경험상으로 확인할 수 있었다. 만약 집의 위치와 구조가 괜찮은데 침대 방향만 문제라면, 머리 방향만 바꾸어도 전반적으로 잠이 잘 올 수 있다. 만약 머리 방향을 바꾸어도 잠이 잘 안 온다면, 크게 보았을 때는 수맥이 있을 확률이 높고 방 전체적으로 보았을 때 배치상의 문제가 있을 수 있다.

이렇듯 우리가 생각하지 못한 이론들이 옛것들 속에 숨어있다. 나는 이러한 사례들을 나의 스승님을 통해서, 그리고 실제 사례들을 통해서 확인할 때마다 신기함을 느낀다. 그리고 이것이 그냥 사라지기에는 너무나 안타까운 마음이 들기에 이렇듯 말도 안 된다 생각할 수 있는 이야기를 당당히 이어가는 것이다. 누군가 당신에게 머리 방향을 해마다 바꾸어야 한다고 이야기한다면, 이 책을 꼭 읽어보라고 권하길 바란다.

다섯

당신은 명당이 어울리는 사람입니다.

이제 마지막 장이다. 이번 장을 통해서는 풍수를 공부하는 한 사람으로서의 개인적인 이야기와 더불어 살아가는 마음가짐과 풍수를 통해서 현재를 바라보는 시각에 대해서 함께 나누어보려 한다. 자연과 소통하고 자연을 바라보는 법을 익혔으니, 이제 우리의 현실로 돌아와 어떻게 살아가고 적용해야 하는지를 생각해보자.

잊혀져 가는 우리의 것, 전달자

얼마 전 베이징 올림픽에서, 한복 논란이 있었다. 내가 어릴 적부터 김치와 기무치에 대한 국가적인 충돌이 있었다. 문화적인 가치를 주장하는 것에 대해서는 시대를 막론하고 있어왔던 일이다. 그리고 기술의 발전과 더불어 컨텐츠의 힘이 강해질수록 문화의 힘은 그 어느 때보다 강력해질 것이라 생각한다. 생각보다 우리는 좋은 나라에 살고 있다. 우리는 부정적인 측면을 바라보는 것이 익숙할 뿐, 우리가 가지고 있는 좋은 것들이 너무나도 많다. 단지 인지하지 못했을 뿐이다. 한국인이 가진 것 중 가장 큰 가치를 지닌 것은, '전통문화'이다. 케케묵은 이야기라고 할지 모르겠지만, 맞는 말이다. 케케묵은 이야기가 없는 나라들이 참 많고, 귀찮고 성가신 것이라는 문화를 외부에서는 너무나 부러운 시선으로 바라본다.

전통 함 내가 결혼할 때 샀던 함이다. 결혼문화 역시나 간소화를 빌미로 하여 모든 전통이 사라지고 있다.

그리고 가장 중요한 우리의 공간. 대한민국에서만 가능한 금수강산이 펼쳐진, 그래서 전 세계적으로 가장 기운이 강한 곳이 대한민국이다. 대한민국 사람들이 단합되지 못하고 끊임없이 다투는 이유는 우리나라의 산세 때문이다. 사람은 살아가는 공간에 따라서 성격도 변하기 마련이다. 그런 의미로 젊을 때 해외에도 많이 나가고 여행도 많이 다니라고 하는 것이 아닌가. 다양한 세상을 접하고, 많은 생각을 하라고. 대한민국은 각 지역마다 특색이 있고, 그것은 주로 산세에 의해서 결정이 된다. 대체로 산들이 뚜렷하게 잘생긴 곳들이 많다. 그러다 보니 서로

가 잘 났다고 주장하는 것이다. 어떤 면에서는 참으로 안타깝지만, 어떤 면에서는 그런 강한 자부심 덕분에 우리나라는 세계에서도 주목할 만한 성과들을 단기간에 많이 이루어낼 수 있었다.

일본을 보면, 마을마다 전통 축제의 모습을 그대로 간직한 경우가 많다. 전통의상도 중요한 날마다 입고 있으며 전통의 요소를 중요시하는 것을 여러 매체를 통해서도 느낄 수가 있다. 그뿐만 아니라 돌아가신 조상님을 항상 생각하고 인사드리는 모습도 엿볼 수 있다. 일제강점기를 지내고 여전히 일제시대의 잔재가 많이 남아 우리나라에 악영향을 미치고 있지만, 배울 점은 배워야 한다. 그들이 세계적으로 많은 잘못을 저질러왔음에도 여전히 부강한 나라로 살아남을 수 있었던 것은 그러한 전통을 중요시하고 조상에 대한 예를 갖추는 것에서부터 찾아볼 수 있다. 돌아가신 조상님이 베풀어 주는 공덕을 '음덕'이라고 한다. 음덕이라고 하면 미신이라 할 것 같으니, 기운이라고 순화하도록 하겠다. 일부 종교의 경우에는 돌아가신 조상님의 존재를 부정하지만, 존재 여부를 떠나서 그 기운만큼은 부정할 수 없다. 생전 가보지 못한 우주의 기운도 끌어들여서 잘 살고자 하는 마당에 나의 뿌리를 부정할 이유는 없지 않은가.

지금의 세상은 그 어느 때보다 빠른 변화로 인해서, 모든 것들이 이분화되어가는 것 같다. 특히 전통에 있어서는 융화되는 것 없이 버려지는 것들이 너무나 많다. 그중 가장 큰 것이 풍수지리와 관련된 것, 조상과 전통에 대한 것이다. 성차별을 유발하는 것으로 여겨지는 낡은 족보 문화는 50년 이내로 거의 대부분 사라지리라 본다. 고부갈등을 유발하는 것으로 여겨지는 제사는 당연히 웹상에서만 확인할 수 있을 것이고, 일부 가족들에게서만 찾아볼 수 있지 않겠는가. 선산을 구입하여 조상님을 매장하던 문화는 사라지고 모두가 화장되어 납골당 안으로 들어갈 것이다. 방금 나열한 것들에 대해서 거의 대부분 이들이 당연하다 생각하며 글자를 읽어냈을 것이다. 특히나 2030의 입장에서는 모두가 생각해볼 의미조차 없는, 무관심의 영역들이다. 나는 그것이 안타까운 것이다. 전통이라 하여 덮어놓고 이어가자는 것은 아니다. 세월에 따라 취사 선택돼야 하는 부분들이 있다. 단지 오래된 것들이라는 생각 하나만으로 현재의 시점에서 부정한 것으로 판단하는 것은, 어찌 보면 이 시대를 살아가는 지금 시점 사람들의 기준이 아닌가. 이 모든 것들이 100년 전에는 더없이 중요하게 여겨지던 것들이다. 우리 문화를 말살하기 위한 일본이 진행했던 민족문화 말살과 궤를 같이하는 것이, 현재 우리의 시각이다.

사실 중국이나 일본을 욕하기에는 부끄러운 현실이다. 한복이 중국 것이라고 외치는 중국인들을 욕하기 이전에 우리를 돌아보아야 할 때다. 냉정하게 생각했을 때, 한복의 입장에서는 남의 나라의 문화라 할지라도 자신들의 것으로 여기고 잘 이어가려 하는 중국이 더 기특하지 않겠는가. 몸을 보호해주고 오랜 세월을 거쳐서 따뜻하게 해주었더니 이제는 찬밥 신세다. 거들떠보지 않던 찬밥을 다른 사람이 가져가려 하니, 그제야 내 것이라 화를 내는 것이다. 문화가 없는 나라는 비어있는 나라라는 것을 처음에도 강조하였다. 지금도 새로운 문화가 계속해서 만들어지고 완전히 새로운 것들이 만들어지는 것으로 생각하지만, 어떠한 문화적인 창조도 모방과 전통이 없이는 불가능한 것이다. 비록 과거의 사람들은 지금보다 과학기술을 누려보지도 않았고 너무나 불편한 삶을 살아왔지만, 그들이 우리보다 더 현명하고 과학적으로도 더 지혜로웠다. 지금의 과학기술로도 풀어내지 못하는 건축물과 문화적 자원들이 수도 없이 넘쳐난다. 이러한 현실 속에서 나는 사라지는 것들에 대한 전달자가 되려

한다. 우리가 가진 가치에 대해서 잘 알고 있기 때문이다. 나의 집안은 제사도 지내고 있고, 조상님들도 모두 선산에 있는 산소에 모셔져 있다. 그렇다고 하더라도 전혀 불편함이 없다. 별의별 짐을 다 싸 들고 산으로 들로 놀러 가면서, 일 년에 한 번 나를 낳아주신 뿌리를 찾아가서 인사드리는 것이 그렇게 어려운 일인가. 명절 때에 제사 지내러 고향으로 간다고 하면 이상한 시선으로 바라보는 세월이 된 것이 참으로 안타깝다. 지금은 잠시 혼선을 빚는 시절이라 생각한다. 그래서, 전통을 지키는 바보 같은 이가 하나쯤 있어야 하지 않겠는가. 분명, 세월을 이어가다 보면 다시금 우리의 상황을 자각하여 끊어진 것을 잇고자 하는 마음이 생겨날 것이다. 나는 그때를 미리 준비하고 있을 뿐이다.

풍수, 제대로 된 스승도 책도 없다

조선시대에는 풍수지리가 과거 시험의 정규 과목 중 하나였다. 지금으로 치면 공무원 시험에서 행정법을 공부하는 것과도 같다. 그러다가 일제시대를 지나면서 세계에서 가장 기운이 충만한 대한민국 풍수의 명맥이 끊어져 버린 것이다. 임진왜란 때, 조선을 돕기 위해 명나라에서 원군을 이끌고 온 이여송 장군과 관련된 이야기가 있다. 일본군을 제압하러 온 이여송은 풍수에 조예가 깊었다고 한다. 그런 이여송에게 조선은 지나칠 정도로 좋은 기운이 넘쳐나는 땅이었다. 중국을 능가하는 인재들이 날 수 있는 명당자리가 너무나도 많았던 것이다. 그것을 가만히 지켜볼 수만은 없었다. 그래서 지금도 여러 가지로 논쟁이 많지만, 뛰어난 인재가 날 만한 혈 자리마다 말뚝을 박았다고 한다. 일제시대의 말뚝도 그것이 단지 군영 진지를 구축하기 위해서 박아

유튜브 영상 속 정몽주 선생 묘소 모습 하늘이 잡아준 명당이라는 전설이 있을만큼 진정한 명당자리다. 이러한 자리가 지금도 무수히 많고 이것을 일찌감치 중국과 일본에서는 알아본 것이다. 우리 땅의 가치를 우리만 모르는다는 것이 안타까울 뿐이다.

둔 것일 뿐이라 이야기하는 사람들도 있다. 진위를 알 수 없지만, 우리 민족보다 풍수를 더 중요시하는 두 나라가 그러한 일을 아무런 의미 없이 행했을 리가 없다. 그들의 노력이 결실을 맺은 것인지는 모르나, 현대의 한국에서는 한국의 풍수지리 명맥이 끊어졌다고 보아도 무방할 정도다.

전통의 단절 여부를 떠나, 중국의 토양을 바탕으로 한 고서가 조선시대에까지 이어졌다는 것은 문제가 있어 보인다. 물론 그런 서적과 이론들을 초월하여 자연을 언제나 중시한 조상님들의 눈에는 좋은 터와 입지들이 잘 보였었던 것 같다. 지금 우리에게 남아있는 선조들의 집터와 묫자리 중 명당자리가 한둘이 아니니 말이다. 한국의 실정에 맞지 않는 고서의 가르침마저도 이제는 끊어졌고, 자연을 벗 삼아 살아가는 이들도 예전 같지 않을 것이다. 모든 것이 개발된 세상에서 살아가고 있으니까. 이러한 시점에서 풍수지리의 가치를 알았다고 하더라도, 제대로 된 곳에서 교육받는 것이 어려운 시점이다. 약 20여 년 전, 전국적으로 평생교육원에서 풍수지리 과정이 개설되었다. 지금 풍수 인테리어를 통해 많은 사람이 관심을 갖는 것과 유사한 분위기라고 할 수 있다. 수요가 있으니 당연히 공급자들이 등장한다. 많은 사람들이 전통 풍수지리의 계승자라 하며, 혹은 학연과 지연을 내세워 풍수지리 강사로 활동을 한다. 이들 중 상당수는 학계나 공무원으로 생활하면서 풍수지리를 오랜 취미로 관심을 갖다가, 교육의 기회가 마련되어 강사로 활동하는 경우가 많다. 쉽게 말해 현실적인 경험이 부족한 사람들이 숨겨진 책 몇 권을 오래도록 공부해왔다는 식견만을 가지고 교육을 하는 것이다. 어떤 측면에서 보면, 세상의 흐름은 상당히 냉정하고 객관적이다. 그러한 공부들이 진정 내가 사는 곳, 나의 조상님에게 적용되기가 어렵다는 것을 깨닫게 되니, 자연스레 그러한 인기도 사그라드는 것이다.

그렇다 보니 지금도 풍수지리에 있어서는 우리나라에 이렇다 할 스승이 없다. 풍수지리를 조금이라도 공부한 사람이라면, 교수 몇 명의 이름을 떠올릴 수 있을 것이다. 그중 한 분은 많은 메스컴 활동, 저서 활동을 하셨다. 그러한 명망이 있으니 당연히 지역에서도 초빙해야 할 터. 그렇게 초빙된 유명한 교수님은 상식적으로도 말이 안 되는 이론을 강의하다가 학생들의 항의로 인해 과정을 중단하고 고향으로 돌아갔다는 이야기가 암암리에 전해지고 있다. 풍수지리는 책으로 공부하는 것이 아니다. 책 한쪽 읽어볼 시간에 주변을 한 번 더 돌아보라고 말하고 싶다. 참으로 안타까운 것은, 책을 중심으로 한 거짓 스승들이 사라지니 이제는 위성지도를 들고 나타난 거짓 스승들이 새롭게 등장하고 있다. 지도를 통해서 보는 것이 의미가 없다는 것은 앞에서 누차 반복했기 때문에 더 설명하지 않겠다. 그러니 풍수지리를 조금이라도 제대로 배우고 싶은 사람이 있다면, 책을 보는 시간보다 현장을 더 돌아보는 습관을 들여야 한다. 전국적으로 수많은 명당이 펼쳐져 있다. 그곳들을 보면서 어떠한 곳이 명당의 표본인지 익혀나가면서, 내가 사는 곳, 나와 관계된 곳을 돌아보면

전과는 다르게 주변이 새롭게 인식되는 순간을 맞이하게 된다.

긴 이야기를 펼치면서 결국 다른 사람들은 모두 틀렸고 이 책을 통한 것만이 맞는 내용이라 하는 형세가 되었다. 오만하고 겸손하지 못한 자세일지 모르나, 어떠한 지식과 가치를 전하는 이가 자신이 알고 있는 지식에 대한 자부심 하나 없다는 것도 옳지 않은 것이 아닐까.

앞에서 운에 대한 것을 많이 언급하였다. 코로나 시대를 겪으면서 누군가는 크나큰 경제적인 손실을 겪거나 좌절했다. 누군가는 그 옆에서 천정부지로 오른 집값 덕분에 시세차익을 얻거나 주식과 코인으로 큰돈을 벌어 모든 생활을 정리하고 종적을 감추기도 했다.

누군가는 이러한 상황을 보고 모든 것이 운의 장난이니 좌절하거나 삶의 의지를 놓아버리기도 했을 것이고, 누군가는 그 운을 끌어들이기 위해서 최선을 다해야겠다 다짐하기도 했을 것이다. 당연히 나는 후자에 속하는 사람이다. 투자자들도 공통으로 이야기하는 것이 있다.

지금 돈을 벌 수 있는 기회를 놓쳤다 하더라도 다음의 기회를 기다리면서 끊임없이 공부해가라고 말이다. 투자자들이야말로 돈과 가장 민감하고 예민한 관계에 있는 사람들이니, 그들의 말을 듣는 것도 나쁘지 않을 것이다. 사회적인 흐름은 우리가 묵묵히 기다려야 하는 것이 맞지만, 기회의 순간을 맞이하기 위한 나의 노력은 언제나 능동적이어야 한다.

돈을 벌기 위한 노력은 운을 쌓아가기 위한 노력과도 궤를 같이한다. 풍수지리를 통해서 우리는 좋은 운을 쌓아갈 수 있다. 그 운은 내가 더 잘 살 수 있는 힘이 되어주는데, 그 힘이 보통 강력한 것이 아니니 지금까지 주구장창 중요하고 좋은 것이라 이야기하는 것이다. 이 운과 관련된 법칙을 여러분들에게 하나 소개하고자 한다.

나는 이것을 '종이 한 장의 법칙'이라 칭한다. A4용지 한 장의 무게는 약 5그램이다. 5그램짜리 종이 한 장을 내 등에 얹는다고 해도 나는 무게를 느끼지 못한다. 하지만 그 종이가 1,000장이 되고 10,000장이 되면 이야기가 달라진다. 10,000장이면 50킬로그램이다. 성인 여성 한 명을 업고 있는 것과 같다. 이처럼 우리가 매 순간 하루하루 쌓아가는 운의 무게는 5그램짜리 종이 한 장과도 같다. 그 무게가 너무나 가볍고 얇다 보니 느끼지 못하는 것이다. 하지만 끊임없이 쌓여간다. 이처럼 5그램의 종이

한 장과도 같은 좋은 운을 매일매일 쌓아간다면, 언젠가는 그 좋은 운에 깔려서 불행해지고 싶어도 행복할 수밖에 없는 삶의 순간을 맞이하게 될 것이다.

나는 20대 전부를 고시 공부와 함께 흘려보냈다. 주변에서 하나둘 시험에 합격하고 로스쿨에 들어가는 것을 보면서, 나도 나의 때를 맞이할 수 있을 것이라 생각했다. 결과적으로는 지금 법조인과는 전혀 다른 길을 걷게 되었지만, 여러모로 지금의 삶이 더 윤택하고 행복하다. 사회법 위에 존재하는 자연법을 공부하고 있으니 내가 이겼다 정신 승리를 하기도 하지만, 농담이 아니라 지금의 삶에 대한 만족도가 훨씬 높은 것이 사실이다.

내가 이야기하고 싶은 것은, 매년 큰 실패를 거듭하고 매년 다시 일어나는 과정을 반복하면서 나는 한 번도 나의 삶을 부정해본 적이 없다. 결과가 비록 좋지 않았다 하더라도 내가 열심히 하지 않은 과정을 탓했을 뿐, 나의 본질은 언젠가 빛을 발할 것이라 생각했다. 그렇게 긍정의 마음을 하나하나 쌓아 올린 덕분인지, 새로운 길에 들어섰지만, 생각보다 아주 빠르게 자리를 잡고 달려 나가고 있다. 쌓아 올린다는 것의 힘은 참으로 강력하다. 처음 법학과에 진학하던 시절, 똑똑한 친구들이 너무나 많았다. 하지만 결과적으로 시험에 합격하는 친구들은, 처음부터 똑똑한 친구들이 아니었다. 하루하루 묵묵한 시간을 쌓을 줄 아는 이들이 대부분 합격의 순간을 경험했다. 하루 만에 큰 성과를 낼 수 있는 이들에게는 묵묵한 하루를 쌓아갈 수 있는 능력이 부족했던 것이다.

우리가 좋은 공간에서 운을 쌓아간다는 것은, 우리가 살아가면서 쌓아가는 그 어떤 것보다 강력하다. 요즘은 많은 사람이 경제와 돈 공부에 눈을 뜨면서, 어린이들을 대상으로 한 투자 교실, 펀드가 생겨나고 있다. 한 살이라도 어릴 때 돈에 대해서 알면 더 많은 부와 여유를 누릴 수 있을 것이라는 어른들의 기대 심리와 맞아떨어진 것이다. 보약은 나이 들어서 먹는 것보다 한 살이라도 어릴 때 먹어야 큰 효과를 발휘한다고 한다. 좋은 것들은 뭐든 그런 것 같다. 한 살이라도 어릴 때 접하고 체화하는 것이 큰 토대가 된다.

풍수지리도 그렇다. 내가 보기에 주식과 펀드보다 풍수지리가 더 정합한 이론이며 학문이라 생각한다. 오죽하면 주식은 신의 영역이라는 말이 나오지 않겠는가. 너무 과하다 싶을 수도 있겠지만, 그냥 부동산 공부한다 생각하면 되는 것인데 뭐가 그리어렵겠는가. 그 가르침의 시작은 내가 사는 집에 대한 감사함에서부터 시작하면 되는 것이니, 크게 돈이 드는 것도 아니다. 훗날, 어린이들을 대상으로 한 풍수지리 교육도 염두에 두고 있다. 나중에 자녀가 있다면 나와 만날 기회가 있을지도 모를 일이다.

우리같은 서민들

“우리 같은 서민들 좀 도와주세요.”

상담 전화를 받다 보면, 고객들로부터 심심치 않게 들을 수 있는 말이다. 재밌는 것은, 이 돈에 대한 가치가 지나치게 상대적이라는 것이다.

얼마 전, 강남에서 70평대의 아파트를 소유하고 있는 분께서 집이 좁아 100평 정도의 주택으로 이주할 계획을 가지고 있다고 했다. 그분도 위와 같은 말을 하는 것을 듣고 적잖이 당황한 기억이 있다. 100억을 가지고 있어도 자신들은 가난하다 여기는 사람이 있고, 1억이 없어도 삶이 넉넉하다 여기는 사람이 있다.

솔직히, ‘우리 같은 서민들’이라는 단어를 꺼내는 분들은 흥정의 수단으로서 자신의 삶을 깎아내리고 있다. 그래서 위와 같은 말을 들을 때마다 불편한 생각이 들곤 한다. 굳이 그런 말을 해가면서, 비용을 절감하기 위한 노력을 해야 하는 것인지 말이다. 일단 깎고 보자는 마음으로 대수롭지 않게 말을 던지는 사람도 있을 것이다. 그리고 늘 자신의 삶을 단정 짓고 제한하는 것에 익숙한 사람도 있을 것이다. 보통 후자인 경우가 더 많기 때문에 안타까운 마음이 드는 것이다.

자연에 대한 생각과 돈에 대한 생각을 이어가다 보면, 대부분 사람이 흘러가는 시간 속에서 보이는 세상과 주어지는 월급에 한정되어 생각하고 있음을 느낄 때가 많다. 요즘은 진정으로 돈에 대한 이야기를 쉽게 하는 세상이 되었다. 돈에 대한 정보도 넘쳐나고, 스스로 얼마를 모았다고 인증 영상을 올리는 이들도 많다.

많이 가지는 것이 절대선인지에 대한 도덕적인 평가를 하는 것은 제쳐두자. 우리 모두가 잘 살고 싶어한다는 것은 쉽게 인정할 수 있는 사실이니까. 잘 살기 위해서는 개인마다 기준은 다르겠지만 일정한 소득과 자본이 필요한 것이다. 위에서처럼 강남 한복판에 살아도 불행한 사람들에게는 수백억 그 이상의 돈이 있어도 만족을 느낄 수 없다.

정말 어려운 상황, 소위 말해 경제적으로 가족들 모두가 궁핍한 시절을 보낸 적이 있었다. 적지 않은 세월이었다. 그리고 그 세월 동안 나는 가족 중에서는 가장 풍족하게 지냈다. 어느 정도 철이 들고 나니 내가 참으로 철이 없었던 세월을 지냈다는 것을 깨닫게 되었다. 한 번도 긍정의 끈을 놓지 않고 스스로에 대한 자신감과 미래에 대한 확신을 놓지 않았던 것은 모두 부모님 덕분이었다.

글자로는 다 옮길 수 없는 뼈 아픈 세월을 부모님께서는 감내하면서 지내오셨다. 감당할 수 있는 아픔만 하늘이 준다고 하셨지만, 그 하늘을 원망하던 세월도 있었다. 원망한들 세상은 달라지지 않는다. 내가 달라지고자 하지 않으면, 내가 움직이지 않으면 세상은 절대로 나를 위해 돌아가지 않는다. 다행히 그 사실을 늦게나마 깨달을 수 있었다. 그래서 나는 절대로 내가 가난한 사람이라든지, 내가 힘든 지경에 있는 사람이라 생각한 적이 없고 앞으로도 그럴 것이다. 설령, 내가 뜻대로 일이 풀리지 않아 어려움이 있다고 할지라도 그것이 얼마나 오래도록 머무는가는 나에게 달려있다.

우리 같은 서민이라는 말을 달고 산다면, 그 말을 들은 주변의 가족들도 같은 생각을 하기 마련이다. 무심코 내뱉는 그 말 속에도 기운이 있다. 물질을 구성하는 최소 단위를 파고들다 보면 남는 것은 파동뿐이다. 형체가 없는 말이지만, 그것이 미치는 영향은 지대하다.

전화 오는 모든 사람에게 이러한 이야기를 할 수는 없었지만 지금 내가 말하고 있는 것들에 대해서 다 들려주고 싶었다. 아무리 나보다 나이가 많다고 하더라도 지금 그 생각 하나는 반드시 고쳐야 한다고 말이다. 서민이라는 단어의 사전적인 정의는 아무런 지위도 갖지 못하는, 중류층 이하의 사람이다. 설령 내가 객관적인 지표상으로 중류층 이하의 재산을 가지고 산다고 하더라도 굳이 서민이라는 단어 속에서 갇혀 살 필요가 있을까.

세상은 사는 대로 생각하기가 너무나 쉬운 구조로 되어 있다. 하지만, 생각하는 대로 사는 이들에게 세상은 너무나 갖기 쉬운 대상이다. 그 공식을 깨달은 이들을 옆에서 보아왔기 때문에 말할 수 있는 것이다. 모든 차이는 생각 한 자락에서부터 시작된다.

만일 아직도 당신이 부족하다거나 모자란 사람이라 생각한다면, 그것이 겸손으로 인한 것인지 자신을 비하하는 마음인지를 잘 생각해보자. 그리고 그것이 겸손이든 자기 비하든, 자신을 높일 수 있는 생각으로 지금 당장부터 바꾸어 나가자. 금을 지니면 금이 따라온다는 이야기가 있다. 금보다 강한 것이 바로 나의 생각이다. 돈을 불러오고 좋은 운을 불러올 수 있는 사람이 될 수 있는 가장 근본적인 시작은 당신의 마음과 생각에 달려 있다는 것을 기억하자.

자연의 자연스러움

2020년, 전 세계적으로 불어닥친 희대의 사건을 언급하지 않을 수가 없다. 바로 코로나19이다. 코로나로 인해서 우리가 살아가는 세상은 급격하게 변화했다. 삶이 어려워진 부분도 있지만, 기술적으로 더 빠른 발전을 이루기도 했다. 언제나 위기의 순간을 기회로 바꾸는 이들이 많다. 코로나라는 특정한 질병에 대한 원인을 생각하기 이전에, 나는 그것이 발현된 원인의 환경적 차원에 집중해보고자 한다.

유튜브 영상에도 올린 적이 있다. 그 영상의 주제는, 코로나는 인간이 만들어낸 질병이란 내용이다. "자연스럽다"라는 단어가 있다. 순리대로 흘러가고 편안한 상태를 일컫는 단어로 자주 쓰인다. 우리가 순조로움을 느낀다는 것은, 바로 자연의 원칙을 따를 때 시작되는 생각이지 않을까. 이제는 그 자연스러움의 의

유튜브 내 코로나 관련 영상 장면 인위적으로 무언가를 하려 할 때 오히려 더 큰 문제가 발생되기도 한다. 그리고 그 문제의 책임은 우리에게 고스란히 전해진다.

미도 점점 변화되는 것 같다. 문자 그대로, 자연과 환경을 거슬러서 우리가 살아가면서 인식되는 인위적인 자연스러움에 익숙해지고 있으니 말이다. 이름 모를 질병이 전 세계를 휩쓰는 것부터 시작해서, 앞으로 맞이하게 될 수많은 기후변화 상황들은 우리가 직접 초래한 것들이다. 「두 번째 지구는 없다」라는 책을 보면, 지구라는 유기체가 1년을 주기로 회복을 위한 일정한 시간이 필요하다고 한다. 우리가 낮에 왕성하게 활동하면, 밤에는 일정 시간 잠을 청해야 휴식이 되고 다음 날 다시 활동을 할 수 있다. 그런데 낮에는 더 많이 일하고, 수면 시간은 점점 더 줄어드는 것이다. 그렇게 일정 시간이 지나면, 결국 그 사람은 멈추어버리게 된다. 지구도 마찬가지의 상황에 놓여 있다. 인간의 자연스러움에 맞추어 살아가는 시간이 반복되니, 자연도 자연의 자연스러움에 맞추어 살아가려 노력하게 되는 것이다.

모든 기후변화와 코로나19와 같은 질병도 그러한 자연의 자정작용의 일환일지도 모를 일이다. 예전에는 표면적으로 기후변화 이야기를 했지만, 이제는 많은 곳에서 환경 보호를 위해서 직접적인 활동을 하는 것을 쉽게 확인할 수 있다. 기업들도 ESG 경영의 가치를 높이 평가하며, 환경을 보호하고자 하는 움직임을 본격화하고 있다. 하지만, 그러한 외부 활동의 근본 바탕은 기업의 단기적 이익과 연관되어 있다. 자본주의 사회에서 기업이 영리활동을 하는 것은 인간이 숨을 쉬는 것처럼 당연한 일이다. 그렇다 하더라도 실질적인 ESG의 효과를 누리기 위해서는 올바른 개념 설정이 우선되어야 한다. ESG도 좋고, 저탄소도 좋다. 그렇지만 가장 중요한 것은, 자연을 사람보다 우선에 놓는 것이다. 잠깐 살다가는 인간은 때로는 너무나 오만한 것이 아닌가라는 생각도 든다. 40억 년을 살아온 존재에게 100년도 못 사는 존재들이 자신을 중심으로 세상을 설계하고 있으니 말이다.

현재, 환경과 풍수의 개념이 가장 극명하게 대립하고 있는

실제 영상 속 출장 현장 사진 경남에 있는 한 공원묘지에 출장감정을 진행한 후 촬영한 모습이다. 화장문화는 대한민국의 토양과 맞지 않는 문화다.

것 중 하나가 장례문화다. 통계를 보면, 현재 전 국민의 90퍼센트 정도는 훗날 화장을 할 계획이라고 한다. 그리고 매장문화를 비판하는 이유 중 가장 큰 이유가 바로 환경파괴다. 물론 묘를 위해서 수백 평이 넘는 땅을 조성하고 인공적인 석재를 이용하여 전 국민이 무덤을 만든다면, 진짜 환경파괴의 문제가 심각해질 것이다. 다행인지는 모르겠지만, 그렇게까지 조상님에게 공을 들이는 자식들이 현대에는 많지 않다. 과한 토지 확보와 일정량 이상의 인공적인 석물만을 금지한다면 매장을 하는 것이 우리나라의 자연 기후에 가장 적합한 매장법이며 환경을 잘 보호할 수 있는 방법이다. 매장을 비판하며 들고나온 대안이 바로 지금의 납골당 형태다. 음택의 원리에 대해서는 지나치게 들어가지는 않겠다. 다만 매장법 중 운적으로 가장 나쁜 것이 납골당이기 때문에 설명을 이어가는 것이다. 환경적으로도 납골당은 큰 골칫거리가 될 것이다. 납골당을 만들어 돈을 벌겠다는 인간의 심리가 환경적인 정당성을 부여 받으니, 납골 사업은 앞으로 더욱 성황을 이룰 것이다. 납골당을 짓기 위해 인공적으로 또 건물을 지어 올리고 산을 깎아서 공간을 마련한다. 유골함에 있는 뼛가루는 몇십 년이 지나면 폐기되어야 하니 엄청난 양의 쓰레기가 발생한다. 그 대안으로 찾는 것이 수목장인데, 수목장 역시나 허울만 좋을 뿐이지, 인공적으로 산을 깎고 나무를 심으니 자연을 훼손하는 것과 다를 것이 없다.

공동묘지를 비롯한 현재의 납골당, 수목공원의 형태가 일제시대의 잔재라는 것을 아는 사람은 많지 않을 것이다. 미신에 가까운 풍수지리를 타파하고 환경을 보호하기 위함이라는 취지를 내세운 주체가 바로 조선총독부였다. 지금 우리가 시류에 맞는 현명한 인식이라 생각하고 있는 것들이, 조선총독부 시절 일본인들이 한국의 장례문화와 민족문화를 말살하기 위해 지어낸 구호들과 똑같다는 것이 가끔은 섬뜩하기까지 하다. 그러니 우리 현대인들이 헛똑똑이에 지나지 않는 것들이 너무나 많다는 것이다. 묘와 관련된 이야기가 조금 길어지기는 했지만, 그만큼 우리가 인식하고 있는 것이 외부로부터 주입된 것이 많다는 것을 체감했으면 하여 언급한 것이다. 자연을 인간보다 우선하는 것으로 설정하여 발전된 것이 풍수지리다. 풍수학적인 관점으로 우리의 주거 환경을 바라보고 세상을 설계할 때, 가장 대한민국에 맞는 환경을 보호하고 세상을 발전시켜 나갈 수 있는 것이다.

당신의 공간을 머찌게, 머찌동의 머찐공간

처음 유튜브를 시작했을 때, 나는 단순히 마스터님의 기를 살려주기 위한 마음으로 영상을 제작해나갔다. 가벼운 마음으로 유튜브 채널을 개설했던 내가 이제는 유튜브뿐만 아니라, 풍수 인테리어 강사, 풍수 전문가, 풍수 서적을 쓴 작가의 상황이 된 것이 참으로 신기하기만 하다. 풍수를 업으로 삼는다는 것은 절대 좋은 일이 아니다. 책에서는 이야기하지 못하는 그 아픔은 말로 다 할 수 없다.

마스터님의 한평생은 수많은 집안의 목숨을 살려온 세월의 연속이었다. 그와 관련된 대가를 받는다 할지라도 마스터님을 만난 사람들은 그보다 수백 배 이상의 가치를 얻게 되었다. 사람을 살려내는 그러한 가르침을 지금 내가 고스란히 물려받고 있으며, 지금도 마스터님과 함께 출장을 떠날 때마다 오늘도 한 집

안을 살린다는 마음으로 집을 나선다. 이러한 마음을 갖고 살지 않는다면 절대로 풍수라는 것을 업으로 삼아서는 안 된다. 그리고 지금 풍수를 업으로 하는 이들 중 이러한 마음을 가지고 있는 사람은 거의 없을 것이다. 무엇을 하건 철학과 마음가짐이 가장 우선이다. 자연을 바탕으로 한 학문, 자연의 이치를 통해서 인간의 삶과 공간에 대한 철학을 깨우칠 수 있는 학문이라는 것을 유튜브를 촬영하면서 깨닫게 되었다.

어쩌면 나의 삶이 이렇게 흘러가는 것이, 많은 이들의 삶에 도움이 될 수 있는 건 아닌지, 이것이 숙명인 것은 아닐까 라는 생각을 해보기도 한다. 객관적으로 생각해보아도, 마스터님과 같은 풍수지리 지혜, 전통에 대한 이야기를 할 수 있는 사람은 아무도 없다. 아무리 부자지간이라 하더라도 나름대로는 객관성과 논리성을 갖고 살아온 삶이기에 무턱대고 편을 들지 않는 깐깐한 성격을 지녔다. 하지만 세상의 가치와 부합하다 생각하는 일에는 물불을 가리지 않는다. 틀린 일을 보고는 주저할 수 없는 것이다. 그렇기 때문에 스스로도 지금 내가 공부하는 문장 하나, 내가 말하는 글자 하나에 자신을 가지고 살아가고 있는 것이다. 아무리 보아도 잘못된 지식이 넘쳐흐르고 있는 것이 풍수

새롭게 개설된 <머찌동의 머찐공간> 유튜브 채널 <천성조 명품풍수> 채널보다 일반적으로 접근하기 좋은 풍수 인테리어와 부동산과 관련된 실질적인 정보를 제공하고 있다. '좋아요'와 '구독', '알림설정'은 필수다.

지리 시장이며, 많은 사람이 풍수에 대해서 잘못 인식하고 있다.

한평생 살며, 부모님을 위해서 내가 무언가를 전적으로 해드린 것이 없었다. 해드릴 수 있는 거라고는 오로지 시간뿐이었다. 그렇게 나의 시간과 나의 생각, 나의 미래를 온전히 내어드리기로 했고 그것이 궁극적으로는 너무나 올바른 선택이었다. 잊혀가는 것들에 대한 전달자가 되기로 결심했다. 그리고 그것들이 한가한 노년을 보내는 이들의 취미생활로 여겨질 법한 것으로 남겨지지 않기로 마음먹었다. 이 책을 쓰고 있는 것도 궁극적으로 나이를 불문하고 '풍수'라는 것에 대한 올바른 의미를 사람들에게 알리기 위해서이다. 모든 터는 직접 눈으로 밟고 파악해야 알 수 있기 때문에 모든 출장감정은, 마스터님과 내가 직접 현장을 방문하고 진행한다. 그 이외에 집구조진단, 상가구조진단 등을 통해서 많은 이들이 풍수를 쉽게 접하고 자신의 삶을 바꾸어갈 수 있도록 서비스를 제공하고 있다. 풍수 전문가를 양성하지 않는 선에서 모두가 풍수에 대해서 제대로 알고, 엉터리 풍수지사에게 속지 않도록 정통적인 풍수지리를 알리고자 하는 것이 지금 내가 살아가는 세상을 위해 선택한 길이다. 이왕 걷는 길이라면 최고가 되는 것이 좋지 않겠는가. 그 최고라는 것은 실력과 효용의 측면이다. 나 혼자 아무리 잘 나고, 사업적인 성과를 이룬다 하더라도 다른 업종과는 다른 가치를 품고 있는 것이 풍수지리다. 풍수지리를 업으로 하는 이의 숙명을 언제나 마음속에 새기며, 나는 힘이 닿는 대로 예전의 것을 남겨두고 많은 이들에게 전할 수 있도록 노력할 것이다.

이 책을 집필하게 된 것도 그렇고, 풍수지리는 현실적인 부동산 재화와 큰 연관이 있다. 마스터님이 60년 동안 풍수를 업으로 삼아오시면서 남긴 업적과 가르침의 가치를 직접 눈으로 보아왔다. 경험상으로는 충분히 그것이 의미가 있다는 것을 알고 있다. 하지만, 아직도 사람들에게 설득력을 갖추기에는 부족하다는 생각이 들었다. 스스로도 증명하고 싶었다. 풍수지리를 우리의 삶에 적용했을 때 어떠한 연관관계를 얻을 수 있는지, 조금 더 정합적인 데이터를 통해서 파악하고 싶었다. 증명에 대한 갈증은 학구열로 번져갔다. 우리나라에는 부동산 관련 학과를 개설한 대학이 여럿 있다. 그중에서도 '부동산학'이라고 한다면, 건국대학교가 가장 이름이 알려진 대학이라 할 수 있다. 나는 그곳에 가기로 마음을 먹었고, 입학을 위한 준비를 철저히 하였다. 계획대로 대학원에 입학할 수 있었고, 이제는 정합적인 데이터를 통해서 많은 사람의 주거 안정을 위한 방법을 모색할 수 있는 길을 걷게 되었다.

고시 공부를 하던 시절에도, 막연하게나마 언젠가는 내 이름으로 된 회사를 차리고 건물을 세우고자 다짐을 한 적이 있었다. 내 이름을 따서 '머찌동컴퍼니'로 회사를 세우기로 하고 카카오톡 알림말에도 그렇게 지정해놓은 것이 10여 년이 넘었다. 그 생각은 이제 현실이 되었다. 머찌동컴퍼니의 대표로서 수많은 풍수지리 서비스를 제공하기 위해 노력하고 있다. 여전히 주변의 시선이 의식되는 것도 사실이다. 하지만, 내가 가는 길에 대한 확신이 있기에 그러한 생각들은 뒤로 할 수 있는 마음의 여유가 생겼다. 앞으로 어떤 길을 걷게 될지는 알 수 없지만, 아무도 걷지 않은 눈길은 너무나도 매력적이다. 그 새하얀 길 위에 나의 발자국을 하나씩 밟아가며, 오늘도 나와 세상의 번영과 터로 인해 고통받는 이들의 삶을 평온하게 하기 위해 최선을 다하고 있다.

책 전체를 통해서 풍수의 기본원리와 양택(사람이 사는 집)과 음택(죽은 사람이 사는 집)에 이르는 방대한 내용을 설명하였다. 그 어떤 풍수 책을 보더라도, 이 책에서 이야기한 것과 같은 내용을 본 적이 없을 것이다. 그리고 이 책처럼 쉽게 풍수에 대해서 그러면서도 가장 자연의 이치에 맞게 서술한 책이 없을 것이다. 너무 자신하는 것이 아닌가? 아니다. 이렇게 자신하는 이유는, 그만큼 기존의 풍수지리에 대한 사람들의 인식이 잘못되어 있고 제대로 된 풍수지리를 교육하는 이들도 없기 때문이다. 이러한 정통적인 풍수지리를 어떻게 우리의 삶, 보다 구체적으로는 부동산 투자의 관점에 접목할 수 있을까? 어렵게 생각할 것 없이, 풍수적인 요건들을 부동산 입지를 고려할 때 생각하는 것 중 하나로 보면 된다. 보통 입지를 볼 때, 학군부터

해서, 커뮤니티, 직장, 주택 공급 등 여러 가지를 고려한다. 거기에 더해서 이 책에서 언급한 내용들을 추가하면 되는 것이다. 여러 요소를 고려하면 할수록, 투자의 성공도 높아지고 인생의 시행착오도 줄일 수 있게 된다. 풍수지리를 투자에 접목하지 못하는 이유는, 단 한 가지뿐이다. 풍수지리를 비상식적인 선에서 접근하기 때문이다. 문의 오시는 분들의 대표적인 몇 가지 질문을 통해서 조금 더 설명해보기로 하겠다. 첫 번째 질문은 이것이다.

"우리 집을 빨리 매도할 방법은 없을까요?"

이렇게 질문을 해 오면, 사실 말문이 막힌다. 물론, 풍수에 대한 근본적인 인식 자체가 없기 때문에 이런 생각을 하는 것이다. 풍수라는 것이 인간의 욕심과 허영심을 채워주는 비현실적인 요소로 여겨지기 때문에 이러한 궁금증을 갖게 될 수 있다. 앞에서도 이야기했지만, 집은 영혼을 가진 사람처럼 고유의 기운을 가진 존재로 봐야 한다. 집과 끊임없이 소통하고 집에 애정을 가지라고 하는 것은, 집의 좋은 기운을 끌어올리기 위함이다. 이렇게 애정을 갖고 사이좋게 지내던 집을 하루아침에 팔아치울 방법이 없을까 생각하는 것은, 마치 하루아침에 사랑하던 사람과 헤어질 방법이 없느냐고 묻는 것과 같다. 내가 사는 집에서 떠나게 됐을 때, 그 집에서 거처하는 동안 별 탈 없이 잘 지낼 수 있게 해줘서 고맙다는 마음을 가져야 한다. 설령 그 집에서 나쁜 일을 겪었다 하더라도, 그 집을 떠나는 순간까지는 내가 사는 공간에 감사한 마음을 갖는 것이 나쁜 운을 최소화할 수 있는 법이다. 급한 사정이 생겨 집을 매도하고자 할 때는, 지금 사는 집에 좋은 주인이 와서 잘 살다 가기를 마음으로 바라는 것이 가장 현명한 마음가짐이다. 현실적으로 내 집을 빨리 매도하는 방법은, 시세보다 싸게 내놓는 것뿐이다. 시세보다 싸게 내놓지도 않으면서 잘 팔리길 바란다는 것은 요행이 아닐까. 그 요행을 이루기 위해서 다른 비현실적인 방법을 끌어오는 일은 없도록 하자. 다음 질문으로 넘어가 보자.

"풍수적으로 좋은 동네가 어디죠?"

이렇게 문의를 하시는 분들도 상당히 많다. 그리고 실제로 풍수적으로 봤을 때, 지역적으로 운의 차등이 있는 것도 사실이다. 그렇다고 해서 내가 사는 집을 이러한 부분까지 고려하여 결정하는 것은 그다지 현명하지 않다. 서울 강남이 터가 좋다고 해보자. 실제로도 강남은 기운이 강한 곳이다. 험준한 빌딩들이 들어서 있지만, 그 험준한 빌딩들 밑의 땅의 흐름을 보자면, 힘차게 지형의 굴곡을 이루고 있다. 아무리 강남이 좋다고 하더라도, 궁극적으로 중요한 것은 내가 살고자 하는 집의 위치다. 내가 원하는 평수가 30평이라면, 강남땅 한복판에서 나에게 중요한 의미를 가지는 것은, 내가 살 30평의 땅뿐이라는 것이다. 즉, 풍수적으로 운기가 좋은 곳이 어딘지를 찾아서 살 집이나 투자할 공간을 찾게 된다면 오류가 날 가능성이 높게 된다. 실제로 이렇게 해서 터를 찾는 사람들도 상당수가 된다. 그리고 이러한 마음을 이용한 컨텐츠들도 상당히 많다. 풍수나 사주에 관심을 갖는 이들이라면, '9운'이라는 것을 들어보았을 것이다. 곧 '9운'의 시대가 오기 때문에, 운이 높아지는 지역이 있다는 것이다. 물론, 동양의 근본이치를 바탕으로 한 설명이기는 하나, 실제 자연의 원리와는 동떨어지는 내용들이다. 만일, 9운의 시대가 돌아올 때 남쪽의 지역이 흥한다고 한다면, 남쪽에 사는 사람은 다 망하게 된다는 말인가? 당연히 아니다. 그 안에서도 잘 사는 이들이 있고, 잘 살지 못하는 이들이 있는 것이다. 그러니, 이러한 컨텐츠와 잘못된 이론들을 믿고, 삶에 적용하지 않았으면 한다. 현실적으로 고려할 요소들과 함께 입지를 선택하면 될 일이다. 만일 자녀의 학군을 우선시한다면, 학군을 중심으로 지역을 둘러보면 된다. 그런 후에 그 지역 안에서 풍수의 입지를 함께 고려한다면, 좋은 집, 좋은 투자처를 찾을 수가 있다. 이렇게 말하는 나도 부족한 부분이 많다. 여전히 입지에 대해서 풍수에 대해서 공부하고 있다. 하지만, 나아가는 방향성에 대한 확신이 있기 때문에 당당하게 이야기를 할 수 있는 것이다. 이 책이 출간된 이후에도 나는 자본과 실력 면에서 모든 것이 성장해있을 것이고, 그것은 다음 책이 나올 무렵에 증명해 보일 것이다.

성공의 요소를 바라보는 관점은 여러 가지다. 내 개인의 삶이 지금처럼 안정적인 삶을 이루고 나아갈 수 있는 것도, 여러 가지 요소들이 어우러진 덕분일 것이다. 그중에서도 안정적인 공간을 얻게 된 것이 가장 결정적이었다. 그러한 공간을 얻을 수 있도록 해준 것은, 바로 '풍수지리'다. 풍수지리를 제대로 알고, 우리가 사는 공간에 적용하고 내 마음의 공간에 적용한다면 굳이 부동산 투자를 공부하지 않아도 저절로 부동산 부자가 될 수 있는 것이다. 그것은, 마스터님의 지난 세월과 우리 집안의 삶과 지혜를 전수받고 있는 입장에서 확신할 수 있다. 이 책을 읽고 있는 독자분들의 삶도, 분명 바뀔 수 있다. 그리고 진정한 의미에서 '부자'가 될 수 있다.

풍수지리의 마지막 비결

이제 마지막 장을 통해서, 풍수지리의 마지막 핵심 비법을 전수하고자 한다. 풍수지리의 가장 마지막 가르침은, 바로 '적선적덕'이다. 선을 쌓고 덕을 쌓으라는 의미다. 너무 뻔하다 느껴지는가? 혹자들은 풍수지리가 존재의 정당성을 얻기 위해 도덕적인 가치를 풍수에 접목했다고 비판하기도 한다. 글쎄. 그것이야말로 지나친 비약이지 않을까. 자연스럽다는 단어가 만들어질 정도로, 우리는 자연의 가치를 우리의 평안이라 생각하는 삶을 살고 있다. 그 평안에 대한 의미, 자연과 우리가 함께 살아가는 가치에 대해서 알아가는 것이 풍수지리의 근본 가르침이다.

풍수지리를 한국에 들여온 것으로 유명한 도선국사의 일화를 들려주고자 한다. 모두가 알다시피 도선국사는 여러 방면으로 도가 높은 스님이었다. 앞날에 대한 예언과 더불어서 풍수지리에 대한 혜안이 깊어, 우리나라 최고의 풍수 대가였다. 그런 도선국사가 정작 자신의 어머니가 누울 자리는 제대로 마련하지 못했다. 처음에는 명당자리라 생각하여 자리를 마련하였고 그곳에 돌아가신 어머니를 모셨다. 후에 그 자리를 다시 찾아가 보니, 그 자리는 누가 보아도 흉지였다. 이를 보고 도선국사는 어머니에게 이렇게 고했다고 한다.

"소승도 이번 생에 도를 닦는다고 선업을 짓지 못하였고, 어머님도 가정을 지키기 위해서 특별한 선업을 쌓지 못한 것이 이번 생의 인연인가 봅니다. 지금 계신 곳에서 부디 평안하시옵소서."

이처럼 좋은 터와 명당자리는 바른 삶을 살다 간 이를 위해 남겨지는 것이 풍수의 이치이다. 지금까지도 이름이 남겨지고 있는 도선국사라 할지라도 자신 어머님의 자리 하나 제대로 마련하지 못한 것만 보아도 쉽게 알 수 있다. 혹자들은 이렇게 이야기한다.

"돈 있는 사람들은 다 명당자리 얻는 것 아닌가요?"

라고 말이다. 당당히 말할 수 있다. 아니다. 아무리 돈이 많아도 좋은 명당자리와 인연이 닿지 않는다면, 자연이 사람의 눈을 가려버린다. 도선국사의 눈을 가린 것은 다름 아닌 자연이다. 자연이 그의 어머니를 명당에 허락하지 않은 것이다. 도선국사뿐만 아니라 이와 관련된 사례들이 너무나 많기에 바른 마음을 먹는 것이 참으로 중요하다는 것을 알고 있다.

앞선 장에서, 집터와 구조가 좋으면 90점이라 이야기한 적이 있다. 마지막 10점은 바로, 내가 살아온 삶의 흔적과 지금의 내 마음가짐으로부터 나온다. 비록 10점이지만, 그것이 전부가 되기도 한다. 내가 제대로 살아오지 못했거나 잘못만 저지르며 살아왔다면, 절대 좋은 집터, 좋은 묘터를 얻을 수가 없는 것이다. 이 고귀한 땅에서 나고 자란 만큼, 우리는 명당과 어울리는 사람이어야 한다. 이 책의 시작은, 돈이 되는 부동산을 얻는 방법에 대한 고민이었다. 그리고 그 시작의 귀결점, 좋은 부동산을 얻는 방법의 가장 중요한 것은 내 마음과 나의 행동에 달려있음을 말하고 싶다. 집은 물건이 아니라는 것을 이제는 잘 알 것이다. 그렇기 때문에 교감을 하고 잘 지내야 한다는 것. 이 사실을 아는 것만으로도 큰 인사이트를 얻어가는 것이다.

지금의 현대인들에게는 한 가지에 집중한다는 것이 참으로 어려운 일이다. 무엇을 하든 쉬운 방법을 찾아낸다. 하지만 효용을 찾아 나가는 과정에서 쉽게 자가당착에 빠진다. 과정의 단축을 꾀하다 보면 장기적으로는 결국 더 비효율적인 결과를 낳는다. 우리의 삶은 앞으로 너무나도 길다. 수만 권의 책을 태블릿 피씨를 통해서 쉽게 접할 수 있다. 하지만 옛사람들은 닥종이로 된 책 한 권을 수십번씩 읽어보았다. 우리보다 절대적으로 적은 정보를 접한 사람들이 이루어낸 것을 바탕으로 현대인이 살아가고 있는 것은 아이러니에 가깝다고 보인다. 그러니, 너무 조급한 마음을 갖지 말고 땅으로 부자가 되고 싶고 진정으로 잘 살고 싶다면, 지금 당장 내 집 주변을 차근차근 돌아보자.

땅을 밟아보며 어떤 기운이 느껴지는지, 주변에 어떤 나무들이 자라고 있는지, 특정한 환경 속에서 살아가는 사람들의 모습은 어떠한지. 그리고 나는 주변의 환경과 사람들에게 어떠한 모습으로 비칠지. 그런 차근차근함이 모인다면, 나도 당신도 생각보다 빠른 시간 내에 진정한 부를 이루게 될 것이다.

그렇게 당신은, 명당이 어울리는 사람이 되는 것이다.

에필로그 : 100억을 얻게 된 당신에게

여기까지 잘 이해한 당신의 삶에 진심으로 축하의 박수를 보낸다.

지금까지 읽은 내용을 잘 이해했다면, 그래서 삶에 적용하기로 마음먹었다면 당신은 이제 100억의 주인공이 된 것이다. 살면서 겪게 될 아픔을 줄일 수 있게 됐고, 시간이 지날수록 당신이 생각한 것보다 더 좋은 일들이 생겨날 것이다. 돈과 부동산은 당연히 덤으로 따라오게 된다.

경제적인 자유를 얻은 이들, 부동산과 삶의 행복에 대해서 원하는 바를 달성한 이들이 공통으로 강조하는 단 한 가지가 있다. 바로 마음가짐이다. 아무리 100억대, 1000억대의 자산가가 된다 할지라도 그러한 돈을 가진 만큼 마음 그릇도 키워야 돈에 맞는 행복도 함께 느낄 수가 있는 것이다. 삶의 시행착오를 줄여나갈 수 있는 길을 알게 된 여러분은 이제 어떠한 삶을 살아야 할 것인가.

다음 스텝은 무엇일까? 바로 지금 내가 있는 공간을 제대로 바라보는 것이다. 내가 사는 집부터 차근차근 돌아보며 내 집을 구성하고 있는 여러 물건, 내 집이 있는 위치, 이 집이 얼마의 가치가 있는지 등 지금 나의 공간을 읽어내는 것이다.

집 밖을 나선다면 내가 밟고 있는 땅의 느낌, 나무와 풀의 색, 특정한 공간에 살아가는 사람들의 분위기를 살펴보자. 그리고 내 마음의 공간은 어떠한지, 부자가 되고자 하는 이유는 무엇이며, 어떠한 것을 통해 부와 자유를 쟁취할지 끊임없이 고민해 나가야 한다.

이렇게 글을 적고 있는 나도 누가 보아도 명확한 경제적 자유를 달성한 것은 아니다. 그렇지만, 새로운 관점을 나의 삶에 잘 적용한 덕분에 오늘도 작은 성공을 이뤄나가고 있다. 무엇보다 당신과 내가 이렇게 서로 대화를 나누고 있다는 사실이 지금 가장 큰 의미가 있는 것이 아닐까 생각한다.

머찐 공간을 발견해내는 사람, 머찐 공간을 만들어내는 사람, 그리고 머찐 생각을 하는 사람이 되어 당신의 삶이 진정으로 평안하기를 바란다.